바로 활용되는 살아 있는 격언

격언 모르고 바둑 두지 마라

邊泰寬 譯

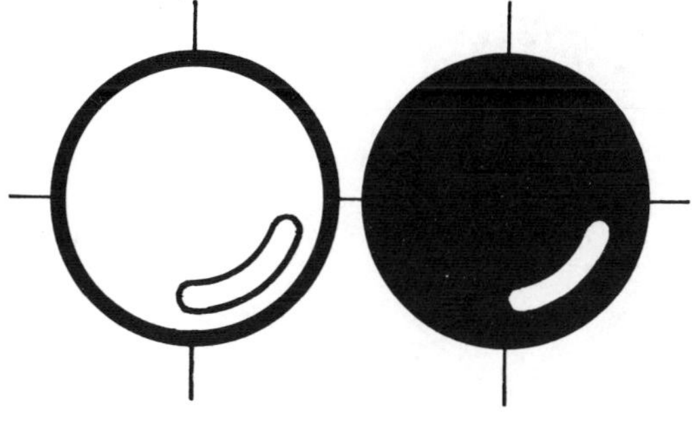

머 리 말

바둑 격언은 바둑의 원리와 기술상의 원칙을 한마디로 표현한 것이므로, 바둑을 배우는 초보자나 상당한 실력자라 하여도 그 많은 포석·정석·사활·끝내기 등의 이론서적을 탐독하기 이전에 필수적으로 알아두어야 할 것이다.

바둑은 한 수 한 수가 모두 격언에 해당이 될 수 있는데, 이 책에서는 특히 꼭 외워 두어야만 할 45항의 기리(棋理)에 해당한 격언을 선택하여 편의상 3장으로 나누어 테스트 형식으로 출제했고 그에 대한 해설·참고·응용문제를 다루었다.

이 책이 독자 여러분의 기력 향상에 도움이 되고 실전에서의 한점 한점이 이 격언에 연결되는 바 클 것을 믿어 의심치 않는다.

변 태관

목 차

제2장 싸움의 요령과 격언 ……………………………71

제3장 원리와 격언

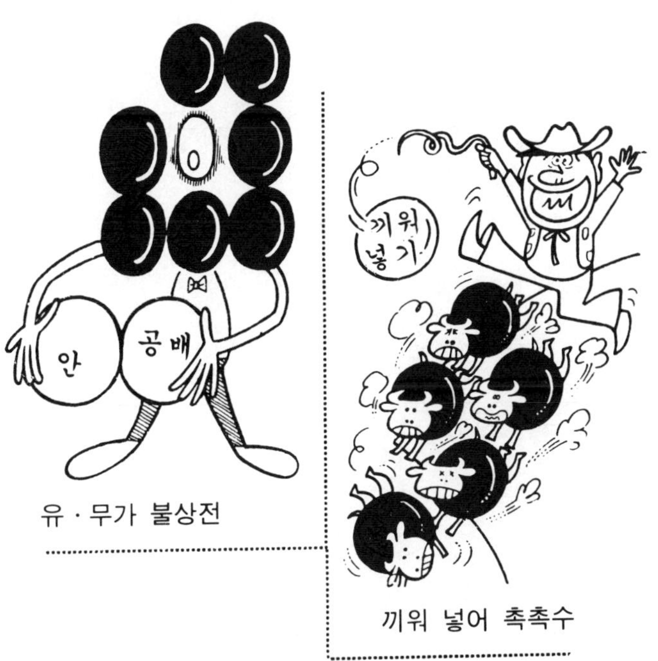

유·무가 불상전

끼워 넣어 촉촉수

제1장 수순과 모양의 격언

수순에 "길"과 "모양"이 있다

【 문제도 】

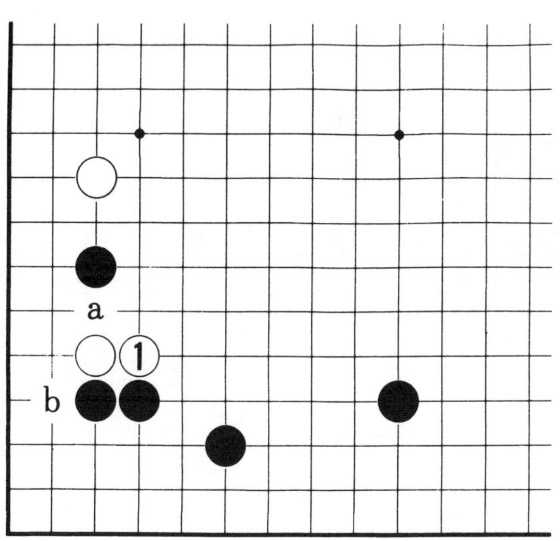

테스트 1

흑 선

백①은 a 또는 b에 두어야만 된다.

백의 과오를 문책하는 흑의 다음 한수는?

1. 2점 머리는 젖혀라

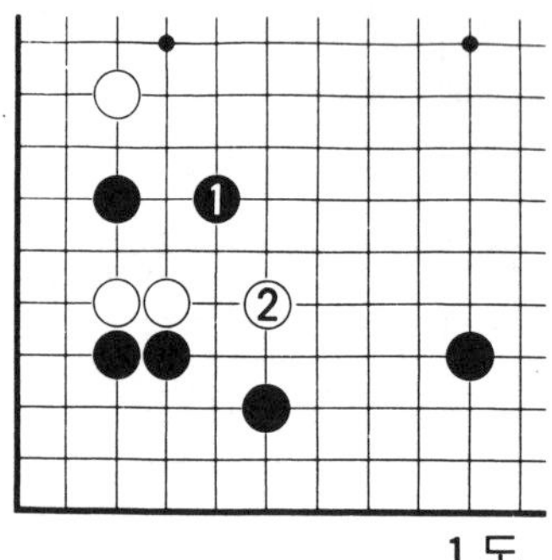

1도

1도 (실 패)

흑❶로 뛰는 것은 백②로 뛰게 되어 어려운 싸움이 된다.

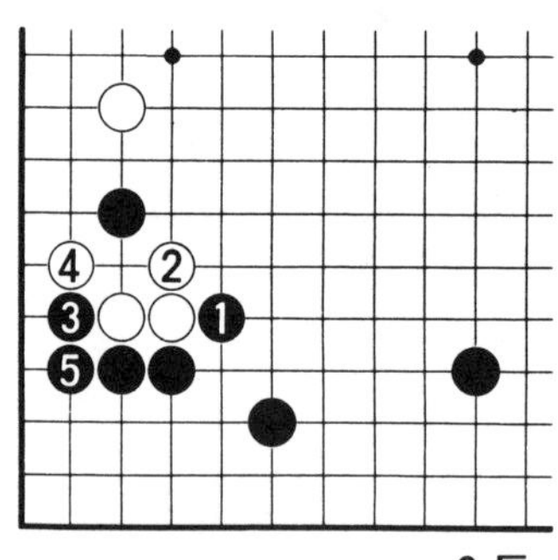

2도

2도 (정 해)

흑❶로 2점 머리를 두드리는 한수 뿐. 백②면 흑❸, ❺가 선수.

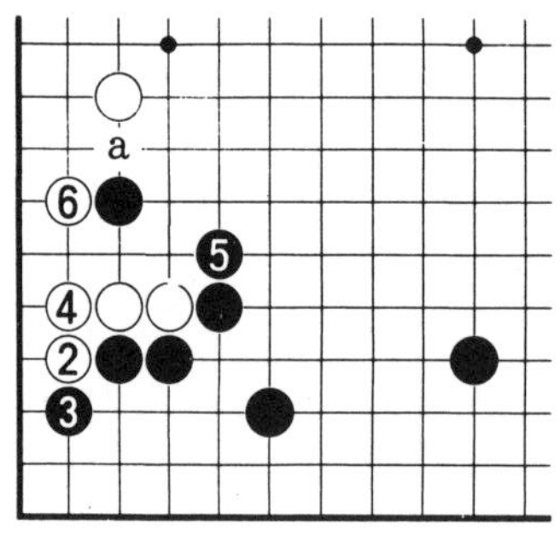

3도

3도 (변 화)

2도에서는 백도 불만이므로, ②로 아래로 둘 수도 있지만, 흑❺로 늘어서 모양이 더 좋아진다. 또 흑❺로 a에 붙여 느는 수도 있다.

〈응용 예〉

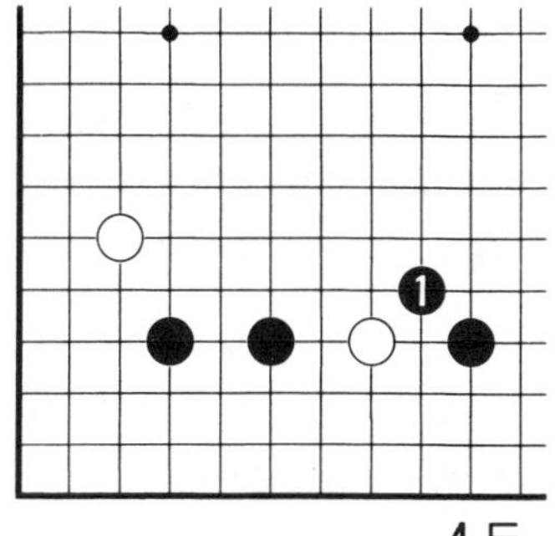
4 도

4 도 (공격형)

보통 접바둑에서 많이 볼 수 있는 수. 백의 1점을 봉쇄하려는 흑❶에 대하여—

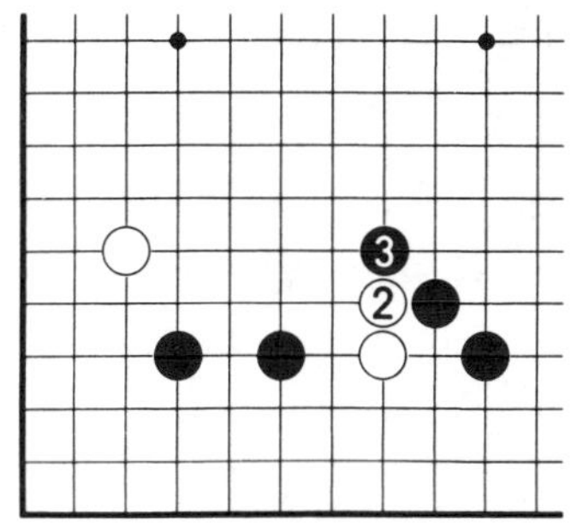
5 도

5 도 (머리를 두드림)

백②로 밀어 올렸을 때 격언대로 흑❸으로 2점 머리를 두드렸다. 그러나 2도의 백과는 달리 2점이 공배가 있어서 백도 다소 여유가 있다.

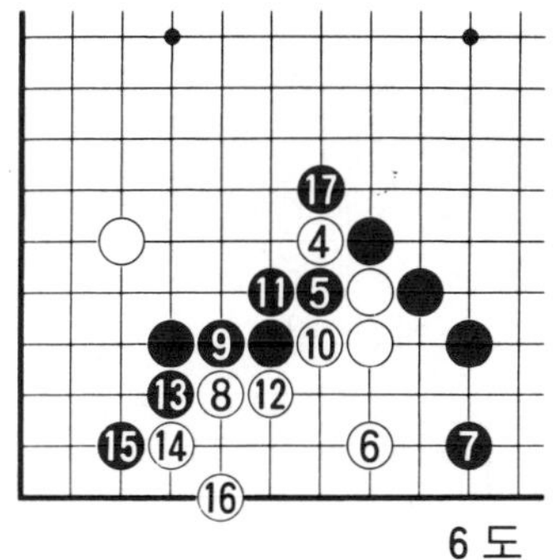
6 도

6 도 (5도의 계속)

백④이하 흑⓱까지는 일종의 변화인 것이다.

〈참고 예〉

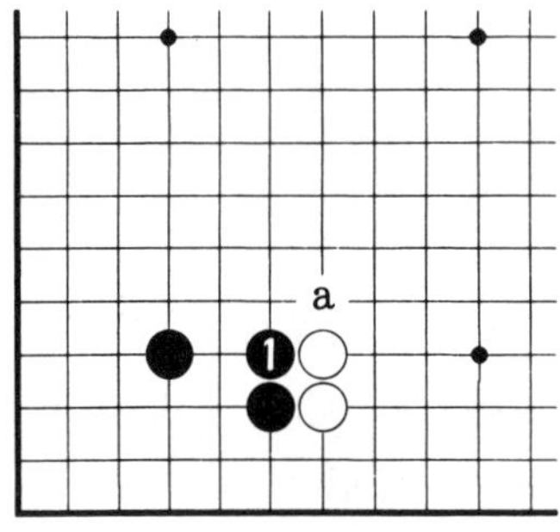

7 도

7 도 (사이비 형)
(비슷하나 다른 형)

흑❶로 같이 붙였을 경우를 보자. 백이 손을 뺐을 때 흑a로 젖히는 것은 "2점 머리"에 해당 되지만―

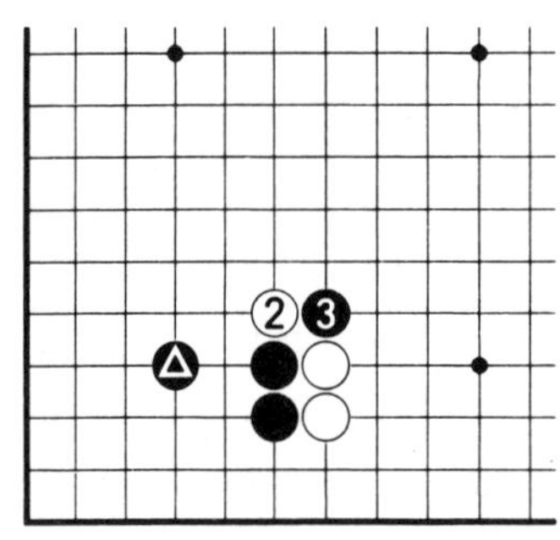

8 도

8 도 (위 험)

백②로 젖히는 것은 흑쪽에 ▲가 있으므로 상황이 다르다. 즉 흑이 ❸으로 맞끊어서 오히려 백이 무겁다. 2점 머리라고 하여 맹목적으로 젖히는 것은 위험하다.

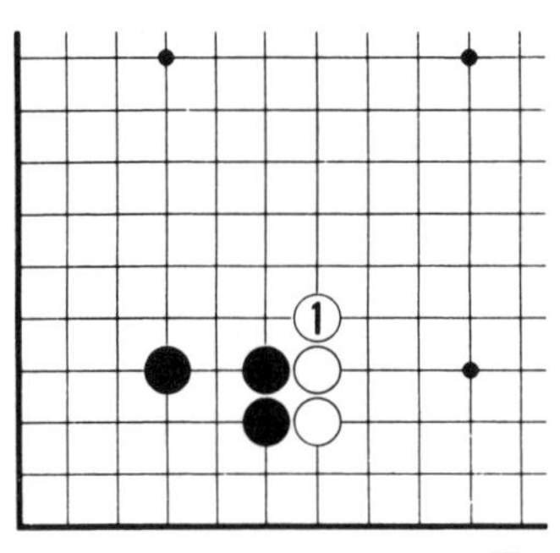

9 도

9 도 (바른 형)

백①로 느는 것이 훌륭한 정수다.

【 문제도 】

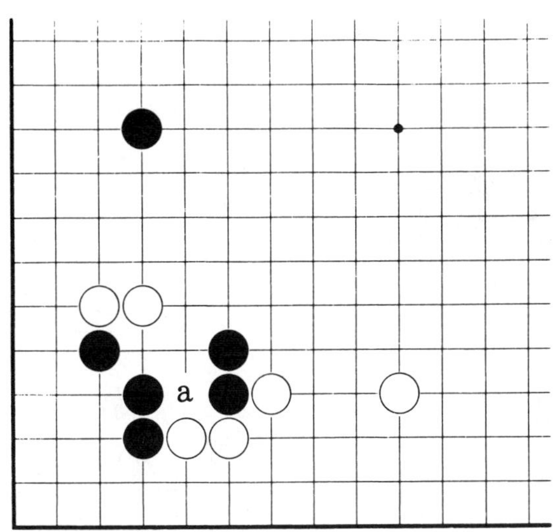

테스트 2

흑 선

백이 a로 나가 끊는 수가 있다.

흑으로서는 이것을 선수로 막자면 어떻게 둘 것인가.

2. 2점으로 키워 버려라

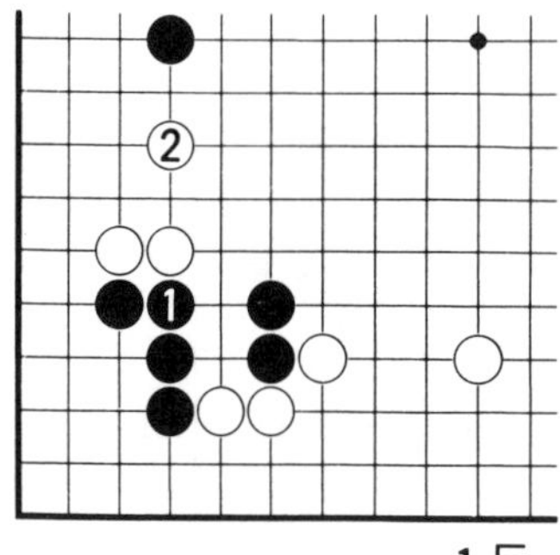
1 도

1 도 (실 패)

흑❶도 일종의 형이지만 이 경우에는 백②로 모양을 갖추어 흑 불만.

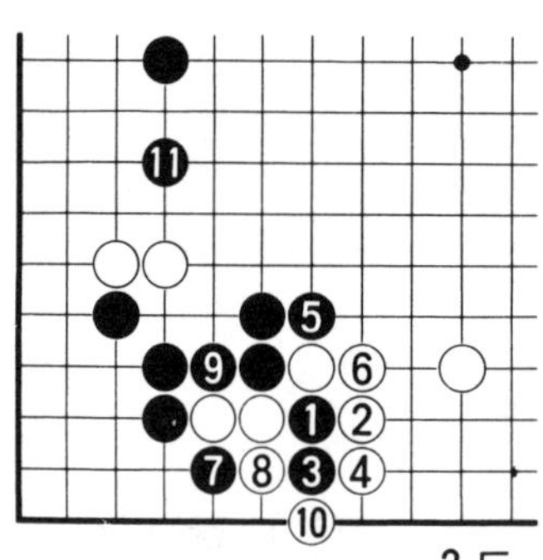
2 도

2 도 (정 해)

흑❶로 끊고 ❸으로 두는 것이 "2점으로 키워 버리는" 격언을 따른 맥점. 흑은 ❺, ❼, ❾로 선수를 강요할 수 있는 점이 "2점으로 키워 버리는" 효과인 것이다.

3 도

3 도 (변 화)

백②로 변화를 구사해도 흑❾까지 더욱 우세.

〈응용 예〉

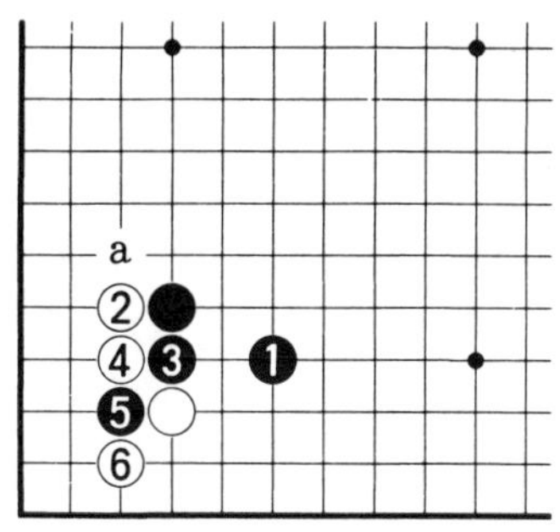

4도

4도 (정 석)

고목의 기본 정석으로 흑❶에 걸침으로 생긴 형. 백②의 붙임에 흑a로 젖힐 수도 있다. 또 이와 같이 흑❸에 맞붙이고 ❺로 끊는 것도 유력하다. 백⑥에 이어서—

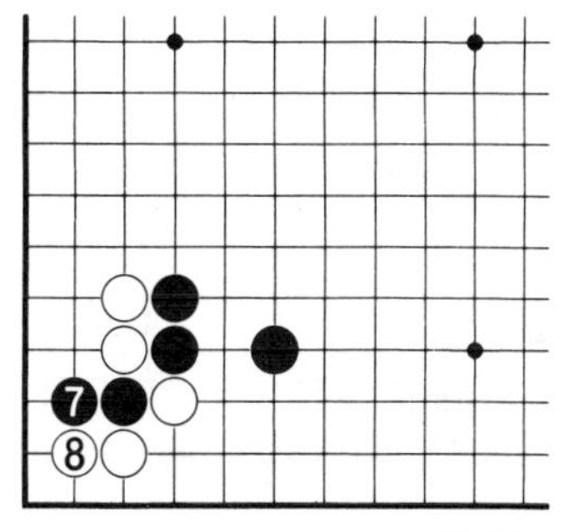

5도

5도 (2점으로 키워)

흑❼로 내려서는 요령, 백⑧은 어쩔 수 없는 점. 다시

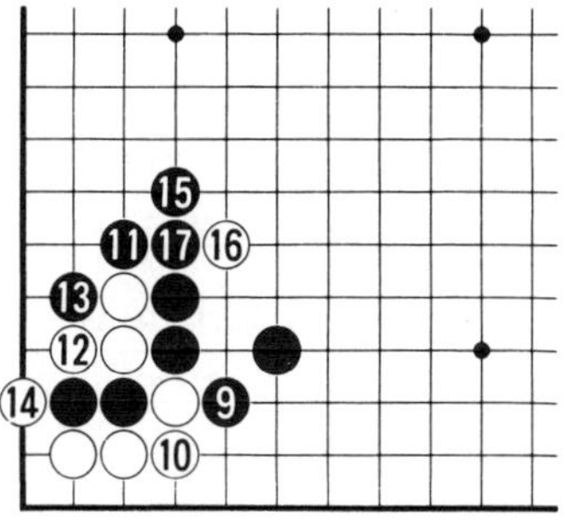

6도

6도 (계 속)

고목 정석의 예로 흑❾의 단수, ⓫, ⓭의 젖힘을 연속 강요하고 흑⓯로 호구친다.

흑⓱까지 일단락으로 흑의 외세는 훌륭하다.

〈참고 예〉

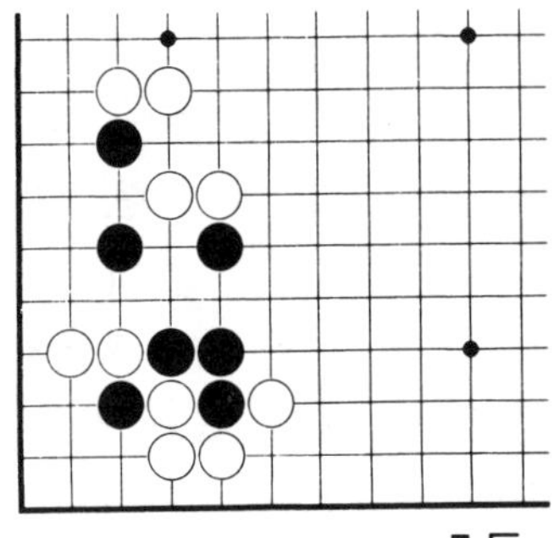

7 도

7 도 (유사형)

이것은 "2 점으로 키워 버리는" 수와는 다소 의도가 다르나 돌의 활용에는 많은 참고가 될 것이다.

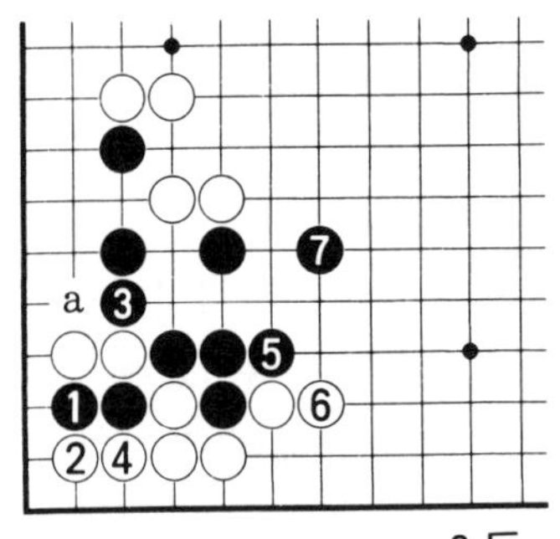

8 도

8 도 (2 점으로……)

먼저 흑❶로 막는 것이 2 점으로 키워 버리는 것으로, 흑❸으로 백④를 강요하고 장차 흑a로 선수를 활용할 수 있는 즐거움이 있다.

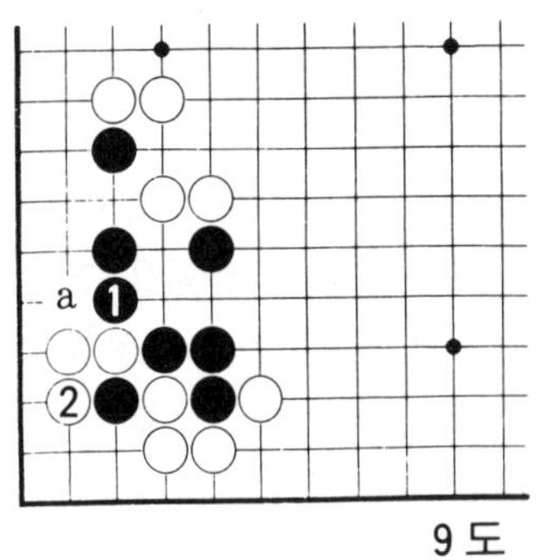

9 도

9 도 (실 패)

보통 흑❶로 막는 것은 백②로 구부려서 흑a가 선수가 되지 않는다. 따라서 이제는 흑의 전체가 공세에 몰리게 되는 것이다.

【문제도】

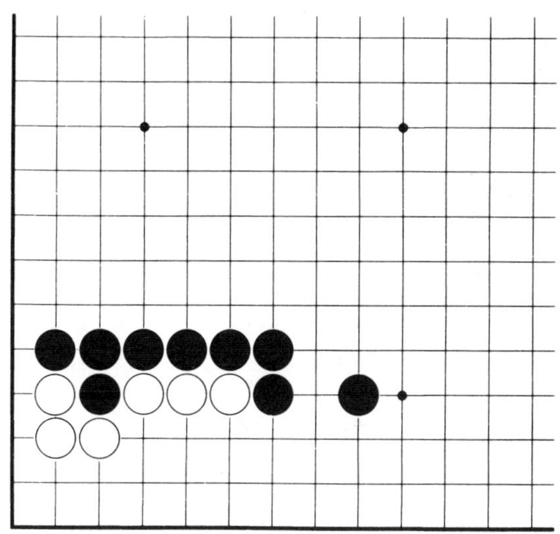

테스트 3

흑 선

백의 허술한 모양을 찔러서 크게 공격할 곳이다.

흑은 어떻게 공격하는 것이 좋겠는가.

3. 3점의 중앙에 수 있다

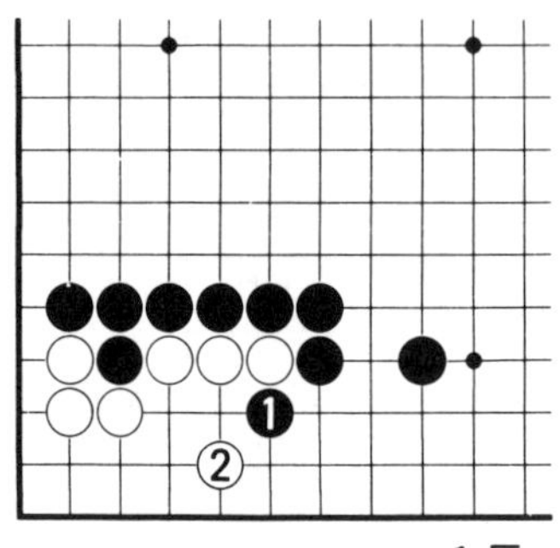

1도

1도 (실 패)

흑❶로 젖히는 것은 백②로 뛰어서 별로 공격이 되지 않는다.

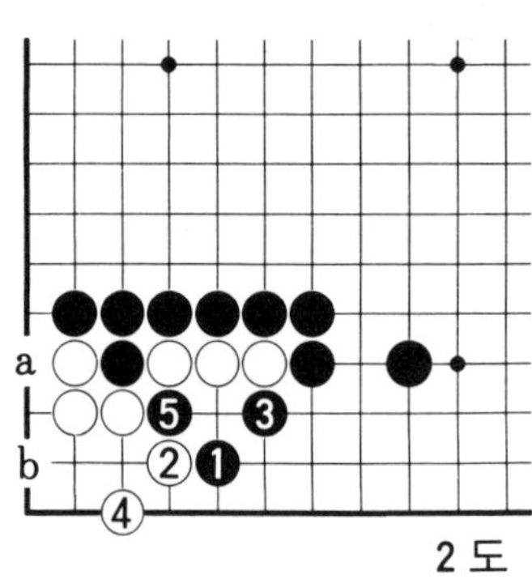

2도

2도 (정 해)

흑❶이 소위 "3점의 중앙이다." 흑❸에 백이 ❺자리에 이으면 흑a로 백 전체가 죽는다. 흑❺ 다음 아직도 흑b의 수단이 남아 있다. (163페이지 3도 참조)

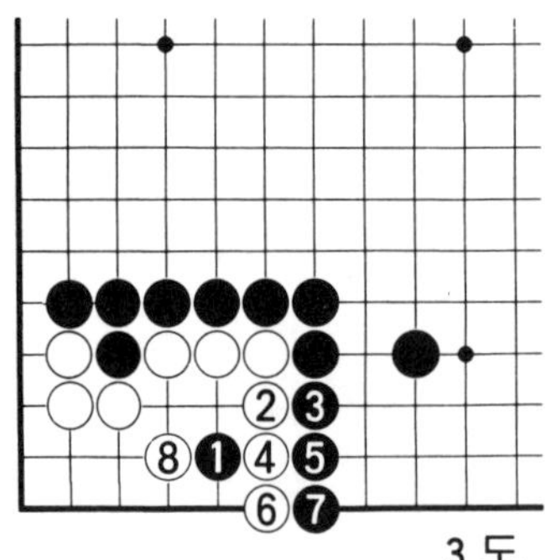

3도

3도 (변 화)

백②, ④로 내려 오면 흑❼까지 선수로 두텁다.

〈응용 예〉

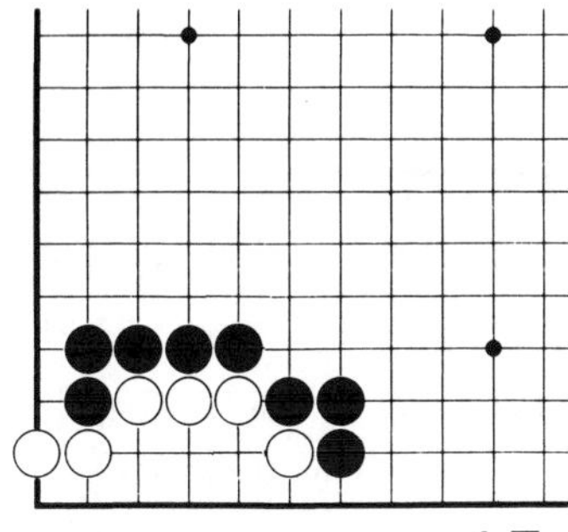

4 도 (흑 선)

이 허술한 백은 흑선으로 죽는다.

그러면 어디가 급소인가 생각해 보자.

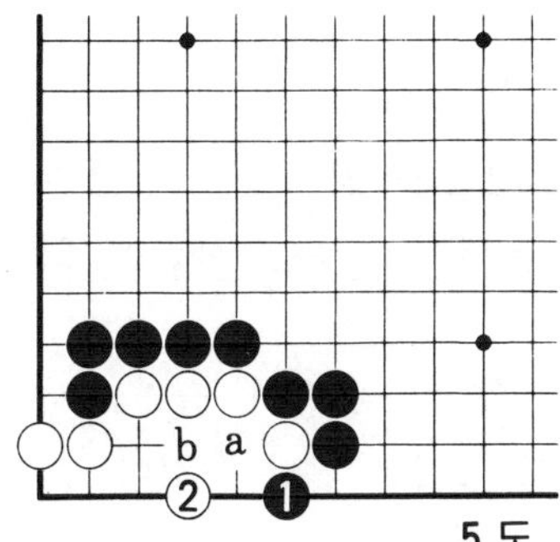

5 도 (실 패)

흑❶로 젖혀서는 백②가 요소가 되어서 살게 된다. 이 백② 자리가 소위 "3점의 중앙"인 급소인 것이다.

물론 흑❶로 a는 백b, 흑❶에 백②로 산다.

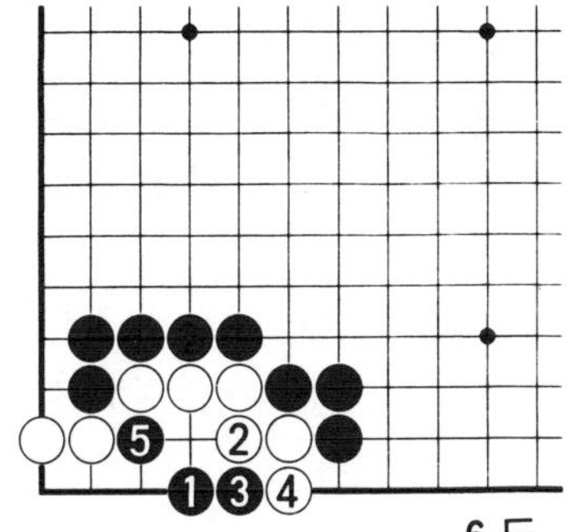

6 도 (정 해)

흑은 격언에 따라 ❶이 급소인 것을 알아야 한다.

흑❸이 재미 있는 수.

〈응용 예〉

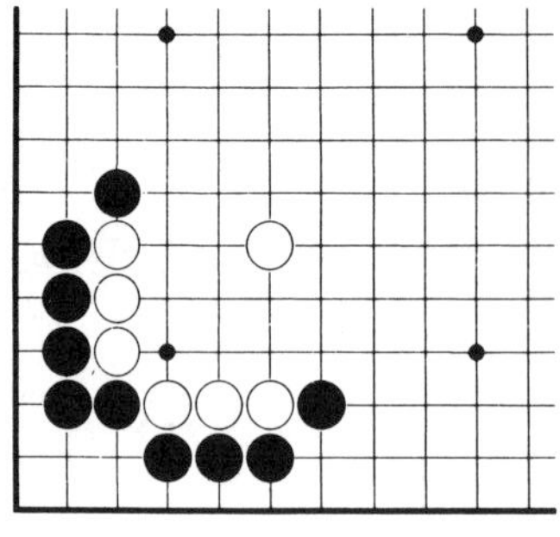
7 도

7 도 (흑 선)

이제 해설을 하지 않아도 백의 형을 무너뜨리는 급소가 어딘가를 알 수 있을 것이다.

물론 "3 점의 중앙"이다.

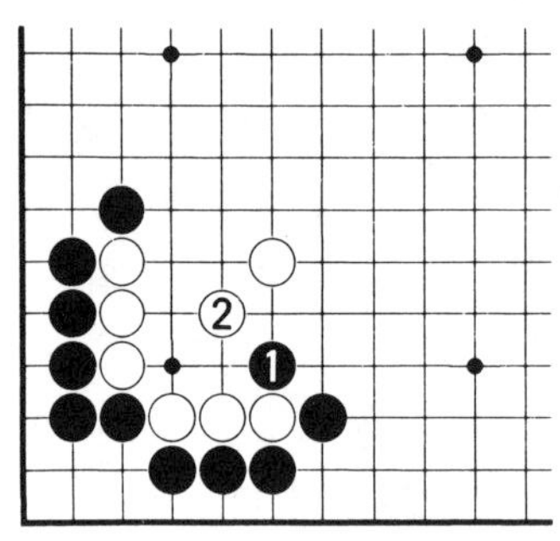
8 도

8 도 (실 패)

그래도 실전에서는 흑❶과 같은 범실을 두는 사람이 있다.

백②가 쌍방의 급소로서 흑의 공격은 일단 끊겼다.

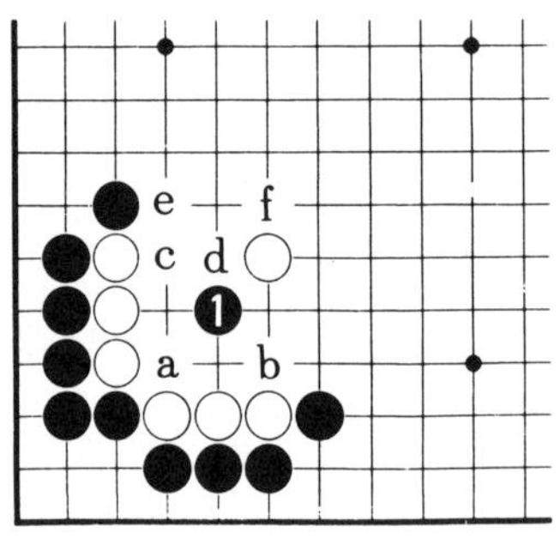

9 도

9 도 (정 해)

흑❶의 치중이 "3 점의 중앙"인 급소로 백은 응수에 궁하다.

백a에 이으면 흑b에 젖히고, 백c, 흑d, 백e, 흑f 로 대마 공격이다.

◀[문제도]▶

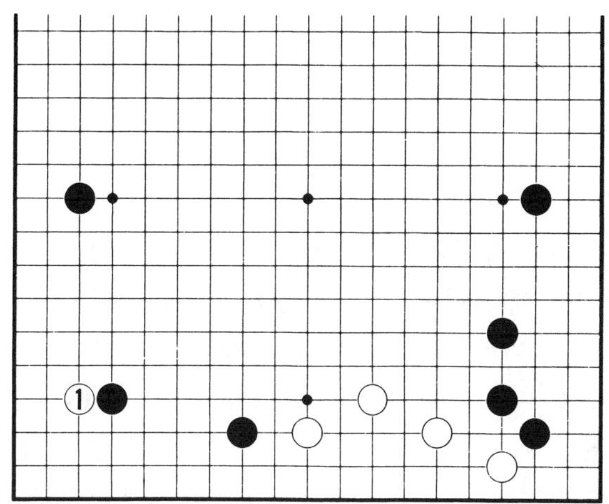

테스트 4

흑 선

백이 ①로 붙여서 흑의 모양을 교란해 왔다.

흑은 어떻게 대처하는 것이 좋겠는가.

(두가지의 방법이 있다)

4. 붙이면 젖혀라

1도 (정 해)

응수 방법 두가지 중의 그 하나가 이 흑❶의 젖힘이고, 또 하나는 ②자리에 밖에서 젖히는 수이다. 어느쪽이나 "붙이면 젖혀라"는 격언과 같이 젖혀야만 한다.

흑이 실리가 소중할 때는 1도와 같이 흑❶로 안에서 젖혀 ❸으로 잇고, 외세를 펼 목적이면 흑❶로 ②자리에 밖에서 젖혀서 백a, 흑b, 백c, 흑d로 변화하는 것이다.

이 흑❶로 ❸등에 완착하여서는 안 되는 것이다.

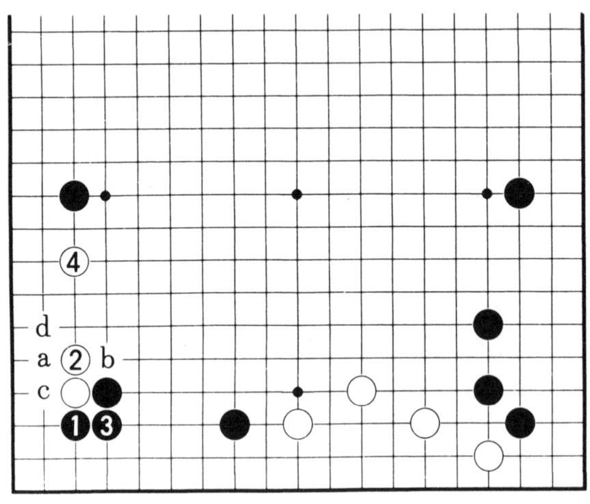

1도

〈응용 예 I〉

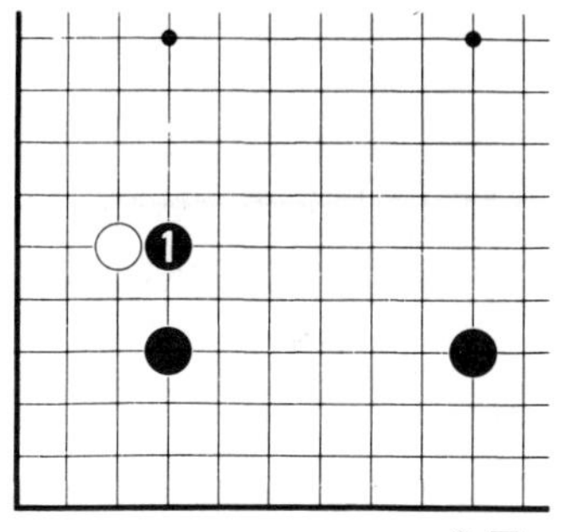

2 도

2 도 (정 석)

흑❶이 소위 붙여 늘리기의 정석이다. 흑이 ❶로 붙이는 것은 대부분의 초보자들도 틀림없이 두는 정석이다.

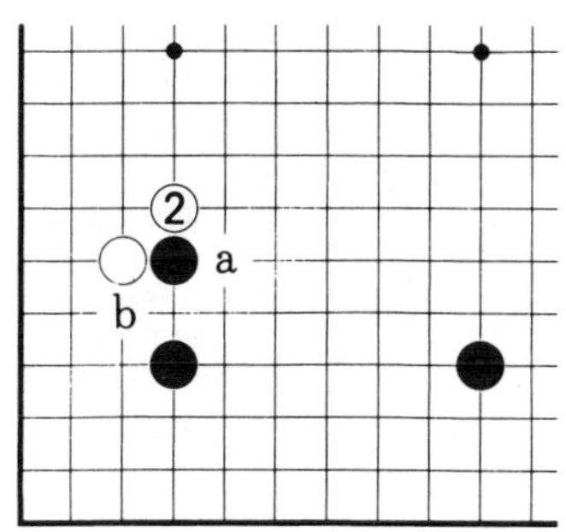

3 도

3 도 (정 해)

초반에서는 "붙이면 젖혀라"가 십중팔구, 백②로 젖히는 것이 정수인 것이다. 흑 a에 늘어서던가, b로 막는 것은 주위의 상황에 따라 달라지겠지만 그것은 차후의 문제.

4 도

4 도 (악 수)

가령 백①로 늘리던가, a에 뛰어 붙이는 따위는 거의가 악수에 속하는 것들이다.

〈응용 예 Ⅱ〉

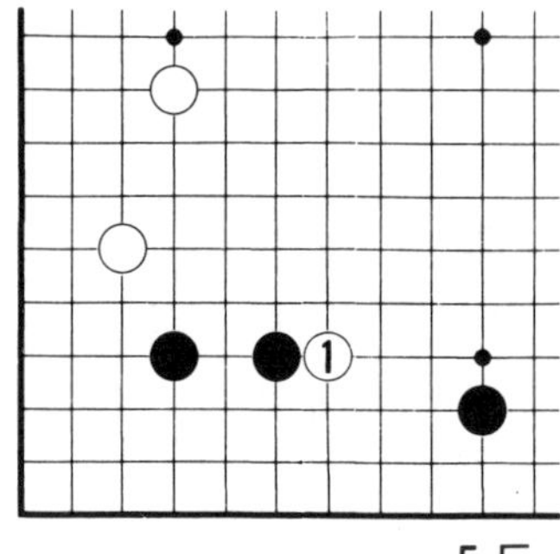

5 도

5 도 (접바둑의 일반형)

백①로 붙이는 것도 상수들의 상투적 수단.

이런 경우 흑은 어떻게 응수할 것인가.

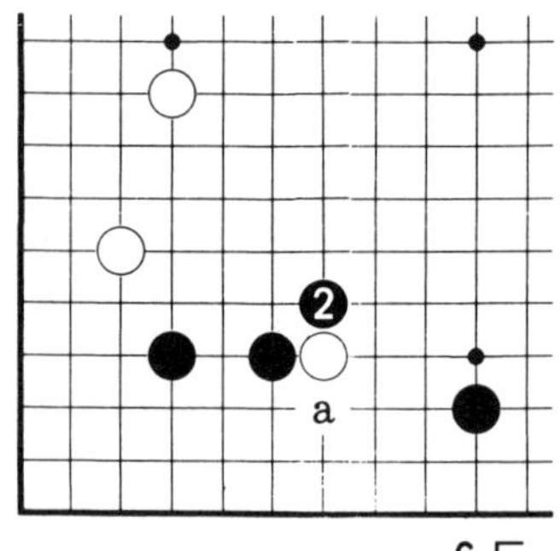

6 도

6 도 (위에서 젖힘)

이 경우에는 흑❷로 젖히는 것이 "붙이면 젖혀라"의 준열한 점.

같은 젖힘에도 흑a로 밑에서 젖히는 것은 소극적인 점이다.

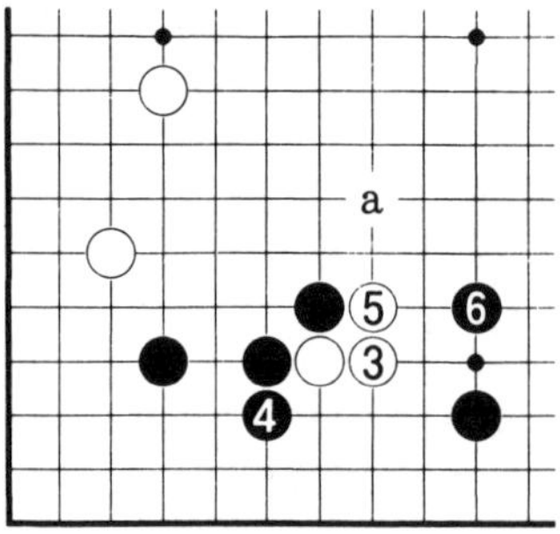

7 도

7 도 (계 속)

6 도 다음의 진행은 백③의 늘림에 흑❹로 내려 서서 이하 흑❻까지로 몰아붙이는 것이다. 백도 다음에는 a로 뛸 정도인 것이다.

【 문제도 】

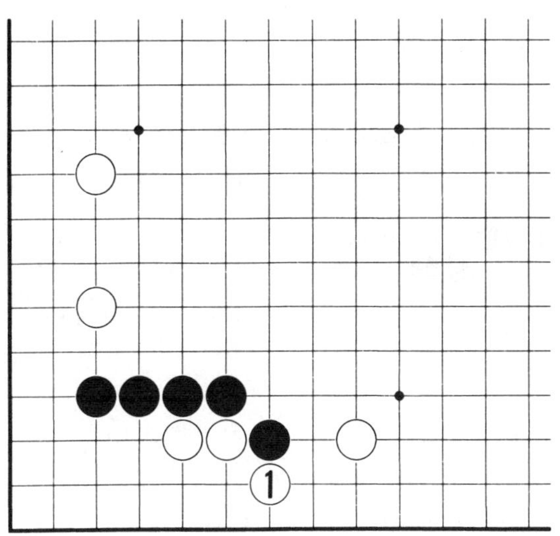

테스트 5

흑 선

백 ①로 젖혔다.

여기에서 당신이 흑이라면 어떻게 응수 하겠는가.

5. 적의 돌에 맞부딪치지 마라

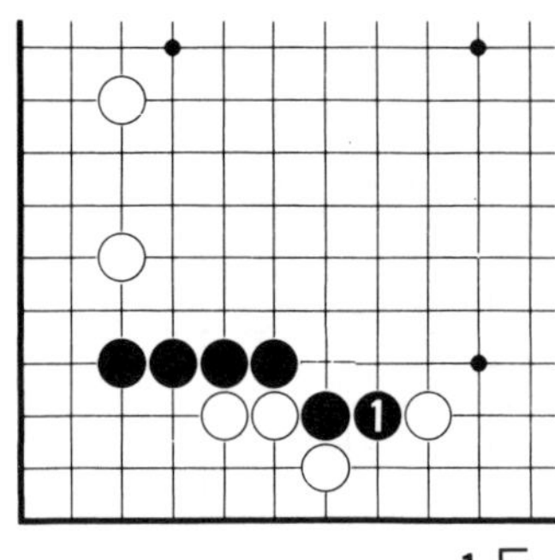

1도

1도 (실 패)

잘두는 사람들도 흑❶로 맞부딪는 것을 볼 수 있는 데 이것은 격언의 훈계를 무시한 점이다. 계속하여—

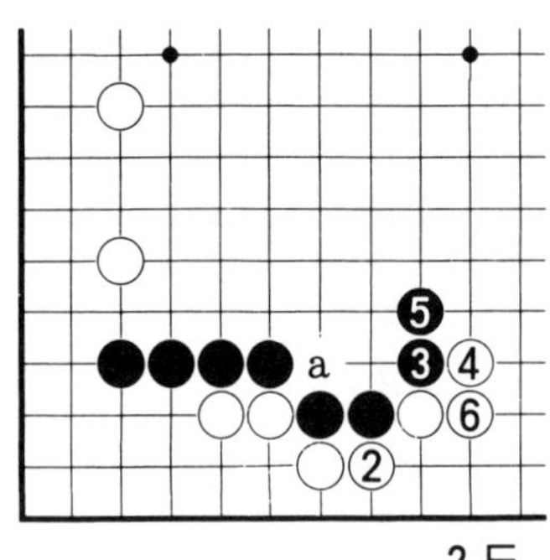

2도

2도 (악수의 표본)

흑❸으로 젖히는 것은 백④로 밀어서 백의 보조를 맞춰 주고 흑은 a의 상처를 남기게 된다.

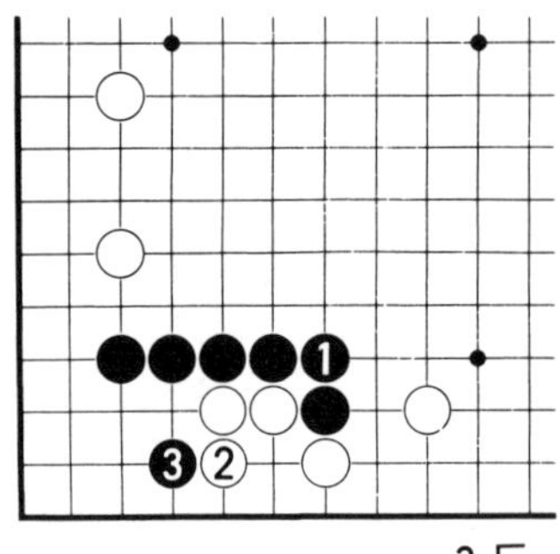

3도

3도 (정 해)

흑❶로 꽉 이어서 화근을 남기지 않는 것이 정수인 것이다.

【 문제도 】

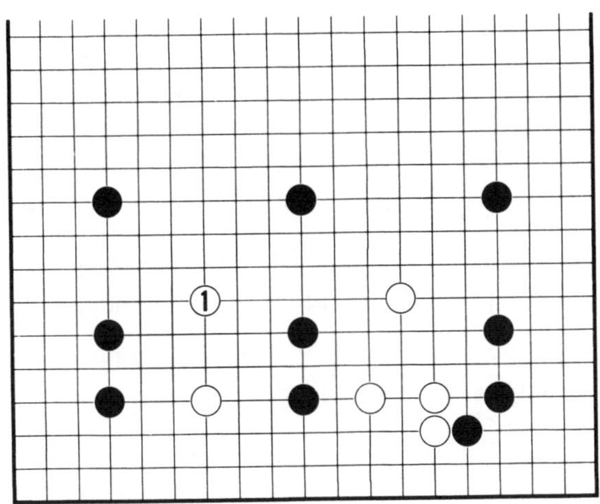

테스트 6

흑 선

접바둑에서 흔히 보이는 형.
백①로 2칸으로 뛰었다.
흑은 어떻게 둘 것인가.

6. 한칸 뜀에 악수 없다

1도 (정 해)

주저할 것 없이 흑❶로 한칸 뛰는 것이 좋은 수. 이에 따라 천원의 ▲에 연락 되고 좌우에 있는 약한 백을 당당하게 공격할 자신을 가진다면 맵시있는 솜씨라 할 것이다.

대부분의 초보자들은 이 흑으로 a에 엿본다던가 하여 발걸음을 늦추게 한다. 그것은 예컨대 백b, 흑c, 백d로 되어 백을 견고하게 도와주는 결과가 되는 것이다.

"한칸 뜀에 악수 없다"는 격언에 따라 곤경을 당하기 전에 한발 앞서 안전하게 빠져 나가자는 의도이다.

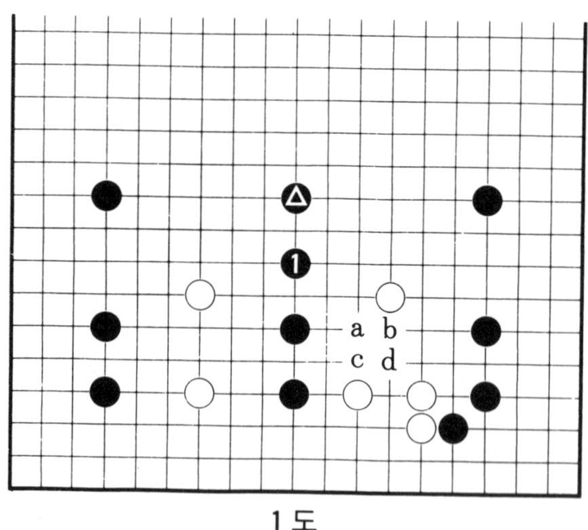

1도

〈응용 예 I〉

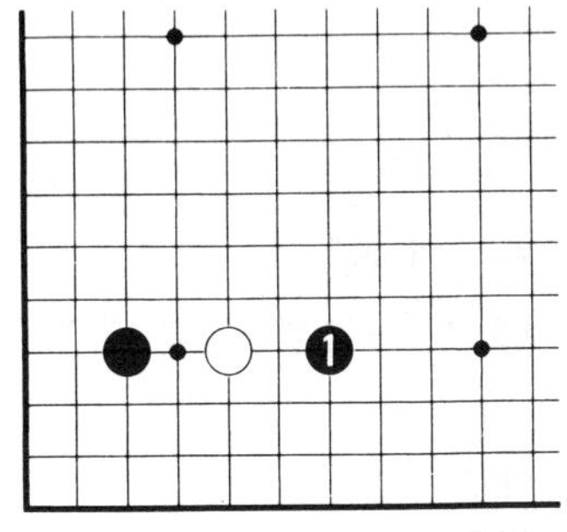

2 도

2 도 (한칸 높은 협공)

정석으로서, 흑❶로 준엄하게 협공해 왔을 때 당신은 어떻게 둘 것인가.

당연히—

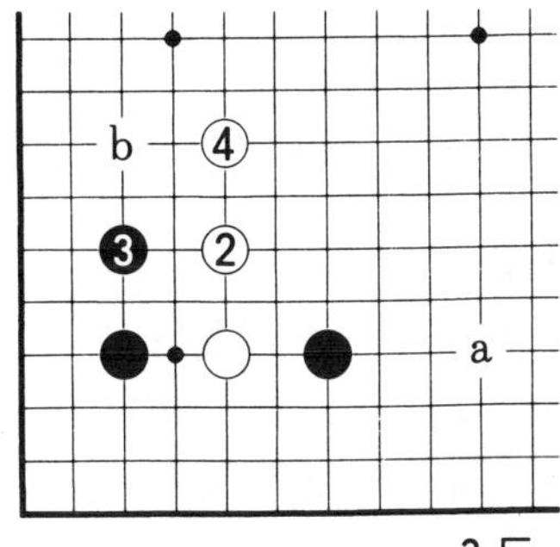

3 도

3 도 (정 석)

백②로 뛰고 흑❸에는 백④로 또 뛰어서 훌륭하다. 다음 a방면의 협공과 b에 막는 맞보기가 있는 것이다.

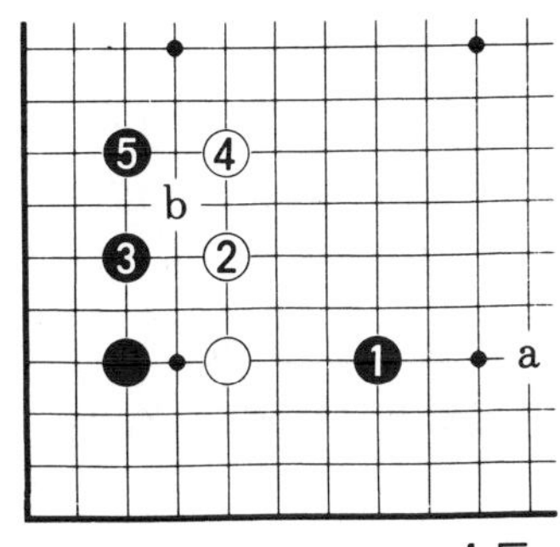

4 도

4 도 (두칸 협공)

이것은 최근 유행하는 정석이다. 백④의 한칸 뜀도 좋다. 흑❺에 백a방면으로 협공하는 요령이다. 또 백②로는 b도 많이 쓰는 수.

〈응용 예Ⅱ〉

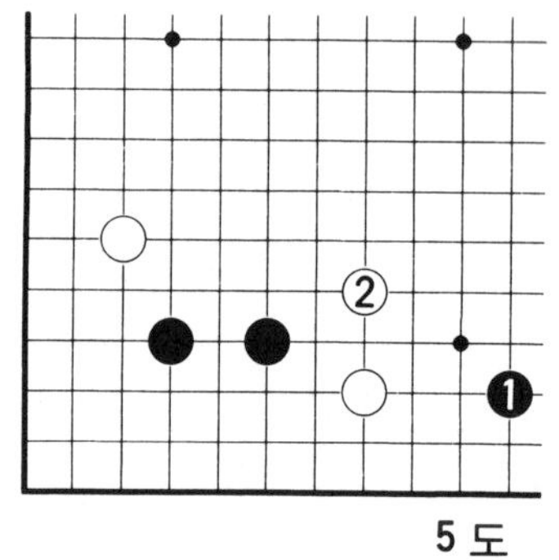

5 도

5 도 (기 본)

흑❶로 협공했을 때 백②로 한칸 뛰는 것도 상용하는 수. 다음 흑도—

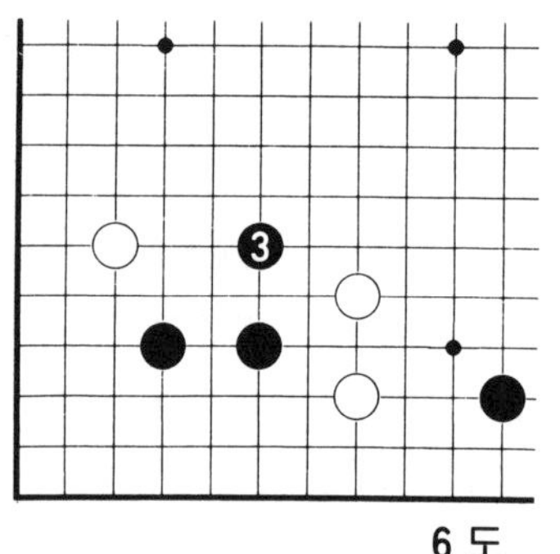

6 도

6 도 (보 조)

보조를 맞추어 흑❸으로 뛰어 나간다. 이것을 손빼면 백❸자리에 봉쇄해서 안 된다.

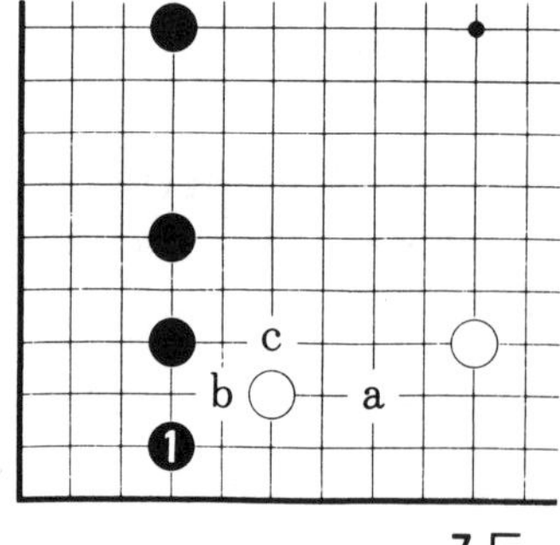

7 도

7 도 (좋은 예)

이 흑❶도 좋은 점. a의 투입을 바라볼 수 있다. 흑b의 모붙임은 백c로 서게하여 속수.

【 문제도 】

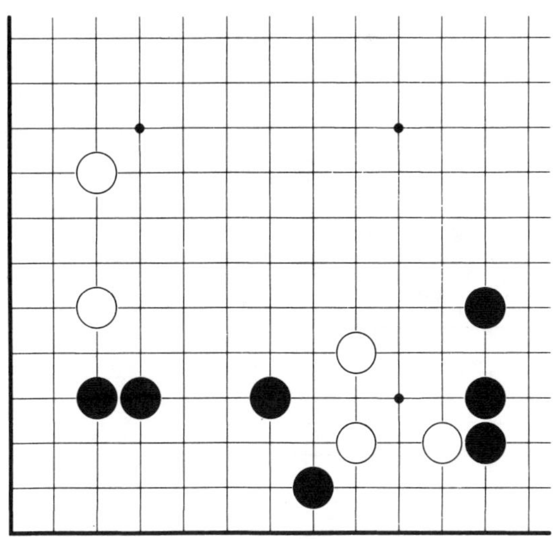

테스트 7

백 선

오른쪽의 불안정한 백 3 점을 버릴 수는 없는 것이다.

어떻게 절충할 것인가.

7. 일자에는 건너 붙여라

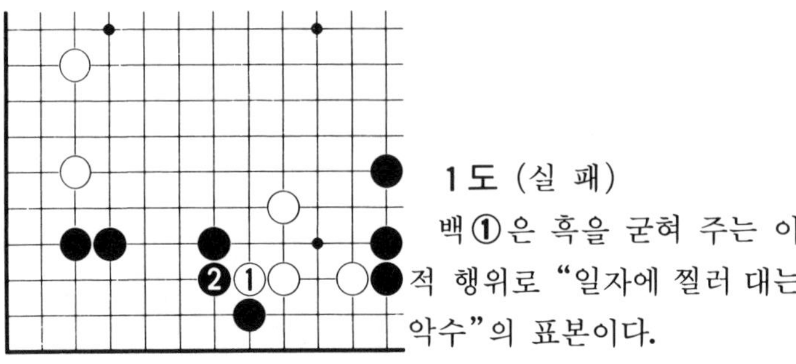

1도

1도 (실 패)

백①은 흑을 굳혀 주는 이적 행위로 "일자에 찔러 대는 악수"의 표본이다.

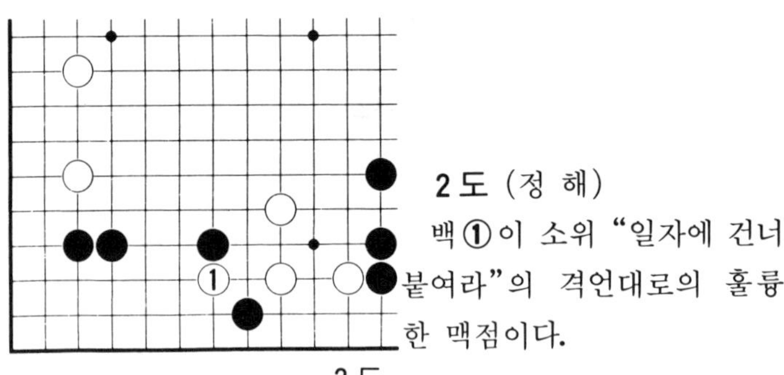

2도

2도 (정 해)

백①이 소위 "일자에 건너 붙여라"의 격언대로의 훌륭한 맥점이다.

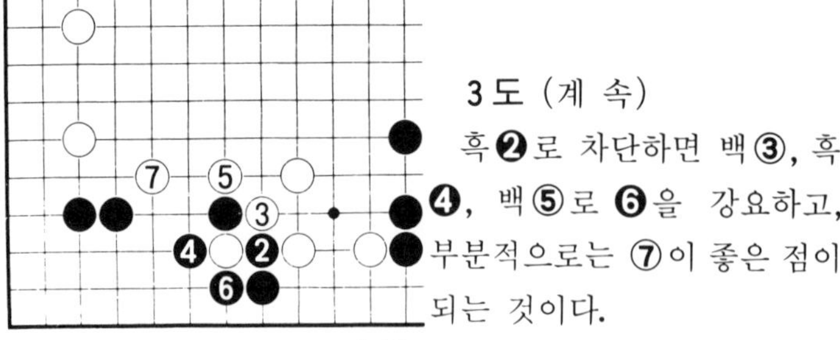

3도

3도 (계 속)

흑❷로 차단하면 백③, 흑❹, 백⑤로 ❻을 강요하고, 부분적으로는 ⑦이 좋은 점이 되는 것이다.

〈응용 예 I〉

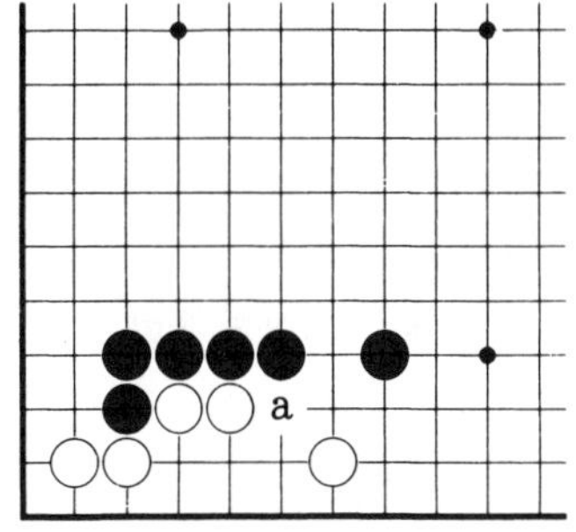

4 도

4 도 (흑 선)

백에 대하여 흑은 어떻게 모양을 갖출 것인가를 생각해 보라.

물론 흑a는 "일자에 찔러 대는 악수"

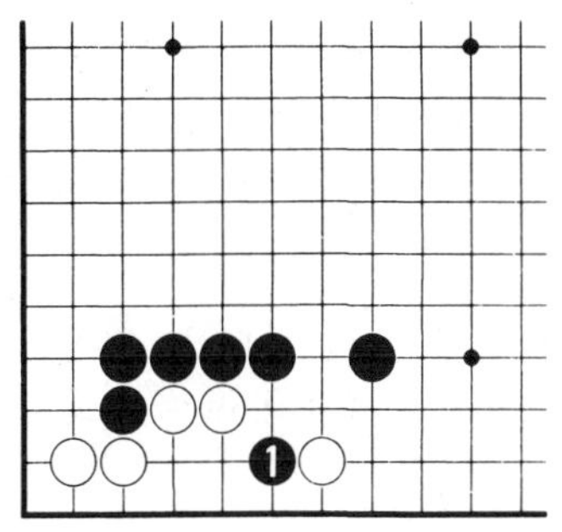
5 도

5 도 (정 해)

흑❶이 "일자에 건너 붙이기"의 맥점이다. 이렇게 문제에 나오면 쉽게 알 수 있으나 실전에서는 잘못 두는 사람들이 적지 않다. 이어서—

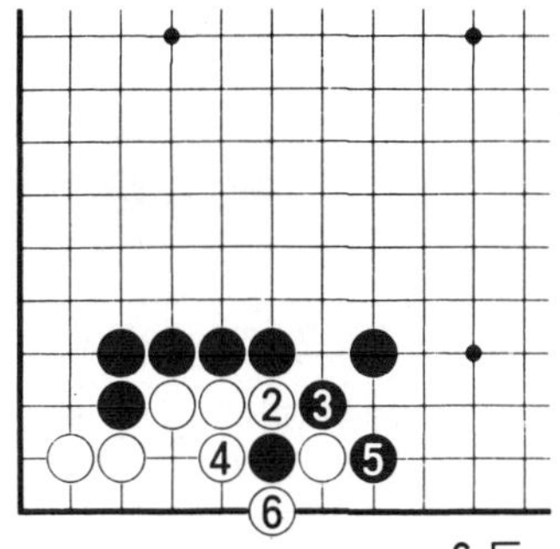
6 도

6 도 (계 속)

백②로 차단하면 흑❸에서 ❺로 봉쇄할 수 있는 것이다.

이것이 "건너 붙임"의 위력인 것이다.

〈응용 예Ⅱ〉

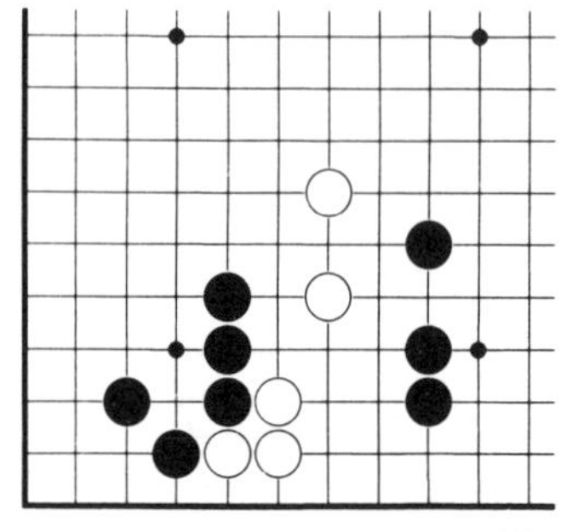
7도

7도 (흑 선)

백의 모양이 불안정하다. 이대로 손을 빼도 괜찮을 듯하나 그렇지 않다.

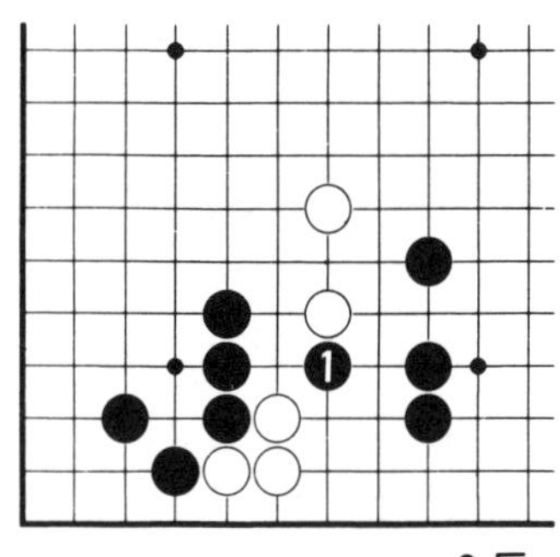
8도

8도 (맥 점)

이 흑❶이 "건너 붙임"의 맥점으로 백을 분단할 수 있는 것이다.

이 수를 제일감으로 얼른 알아내지 못한다면 바둑 향상이 어렵다.

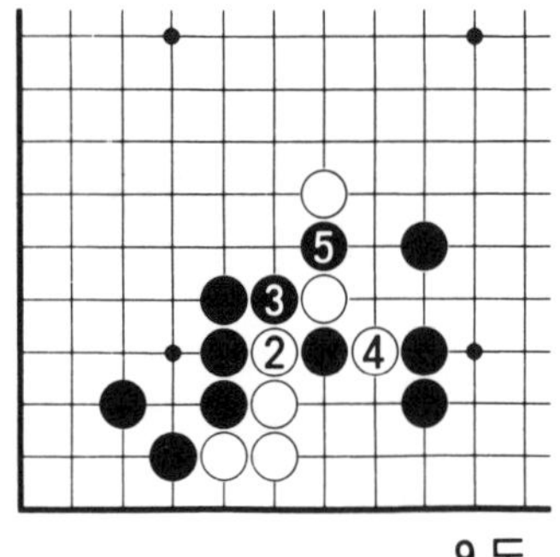
9도

9도 (계 속)

백②로 차단하면 흑❸으로 끊는다.

백④로 한점을 잡아도 흑❺로 단수 쳐서 피해는 더 커진다.

〈응용 예Ⅲ〉

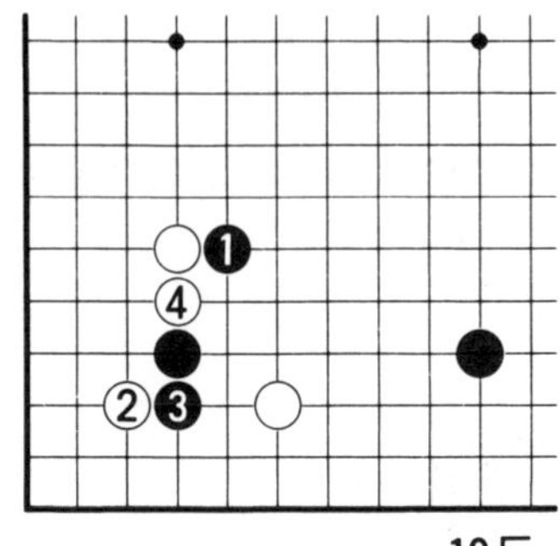

10도

10도 (끼움 수)

백의 양 걸침에 흑❶로 붙인데서 생긴 형인데 백④로 이와 같이 실전에서 당한 경험은 없었는지.

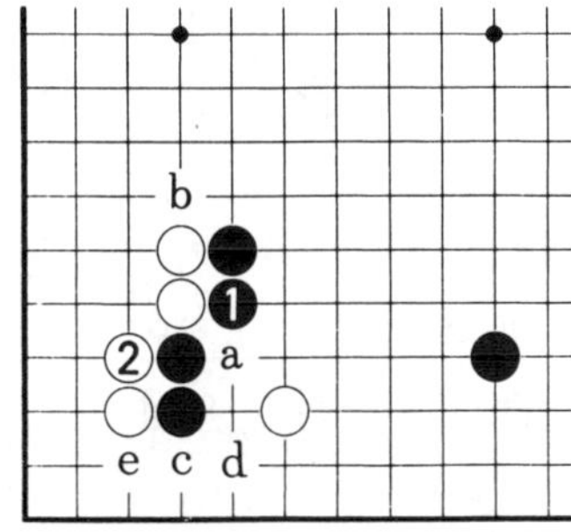

11도

11도 (계 속)

10도의 계속에서 흑❶로 받으면 백②로 연결되어 흑 a에 잇지 않을 수 없게 되고 다음에 백b 정도이겠지만, 백은 언제나 c에 젖히고 흑d, 백e를 선수로 강요할 수 있다. 흑의 모양은 헝클어진 것이다.

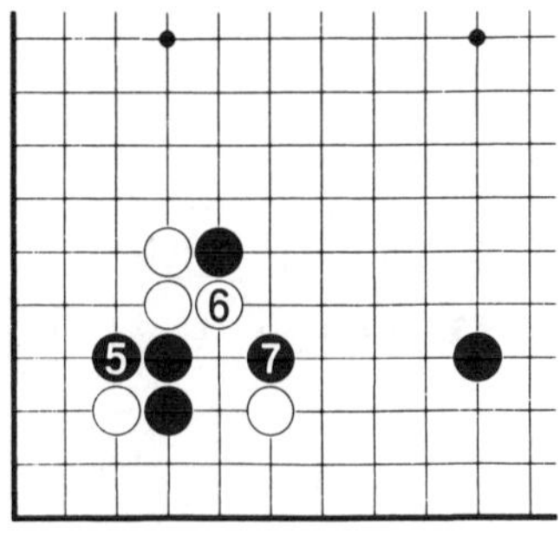

12도

12도 (반 발)

10도의 ④다음 흑❺로 반발하고 ❼로 건너붙이는 것이 준엄한 수단.

〈참고 예〉

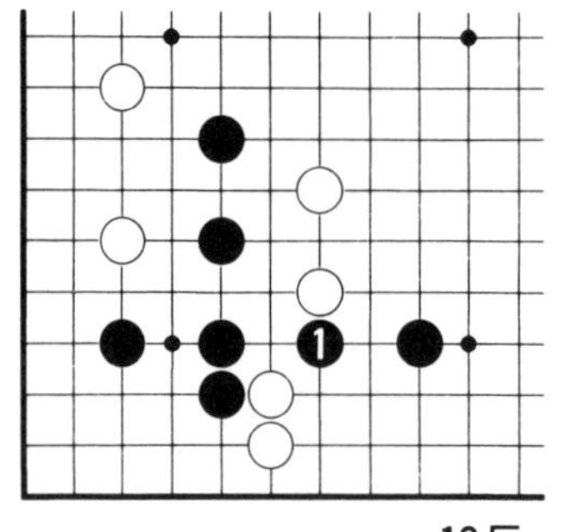
13도

13도 (사이비 형)

일자면 언제나 건너붙임이라는 것은 아니다.

예컨대 이 흑❶이 그것이다.

계속하여—

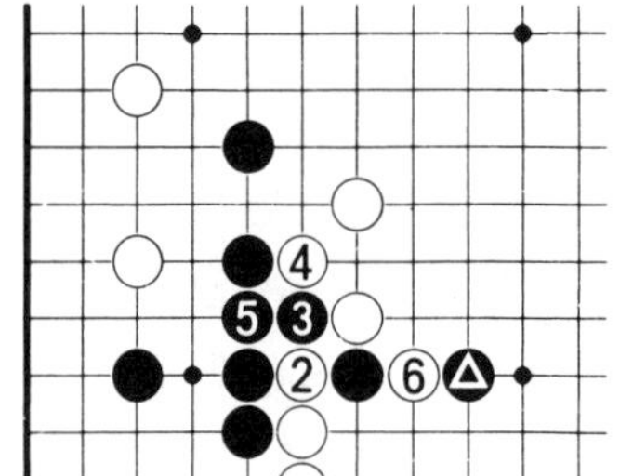
14도

14도 (1점 잡히다)

백②에 흑❸으로 끊어도 백④의 단수가 선수이므로 흑❶은 건너붙이기가 안 된다. 백⑥까지로 1점이 잡혀서 ▲의 1점까지 영향을 받게 되었다.

이런 경우에는—

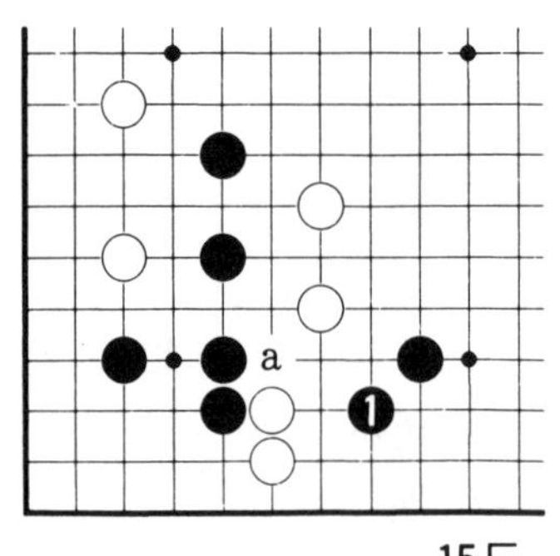

15도

15도 (모양의 급소)

흑❶ 마늘모로 백을 위협하는 것이 정수.

백도 a에 연결할 정도이다.

【 문제도 】

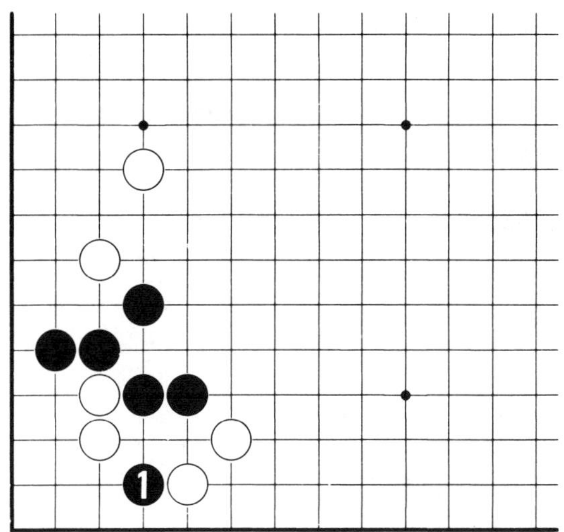

테스트 8

백 선

"일자에 건너붙임"의 격언 대로 흑❶로 건너붙여 왔다.

백은 어떻게 응수할 것인가.

8. 건너붙임 끊지 마라

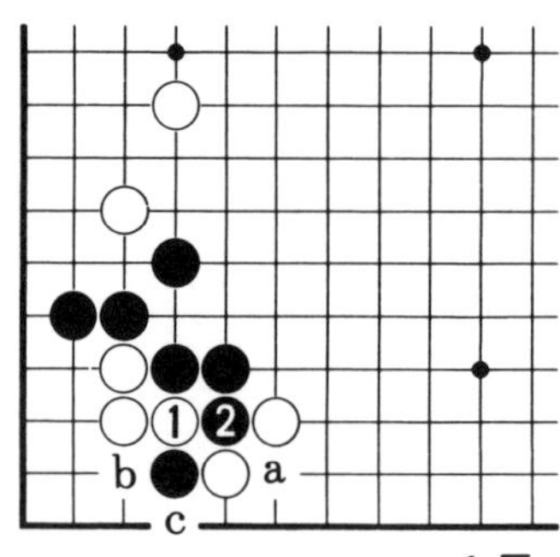

1 도

1 도 (실 패)

자칫 백①로 끊으면 흑❷로 끼워서 백a면 흑b로 3점이 죽게 되고 백b면 흑a로 백이 봉쇄 당한다.

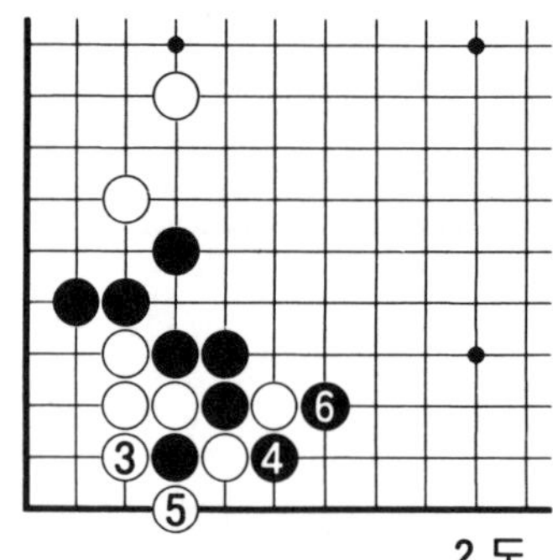
2 도

2 도 (계 속)

1 도의 다음 백③으로 1점을 따면 흑❻으로 백1 점이 축에 몰린다.

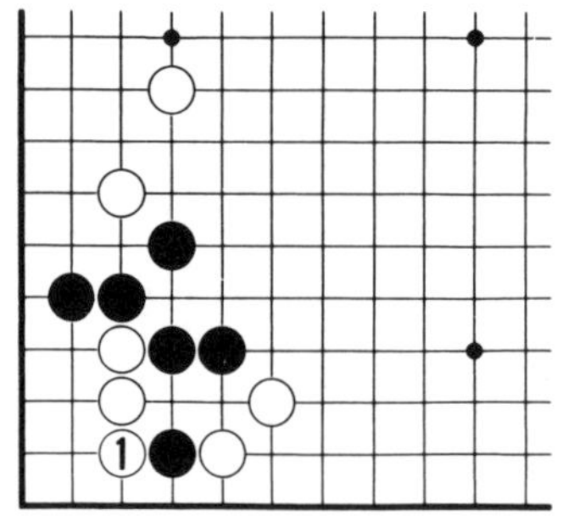
3 도

3 도 (정 해)

일장의 "건너붙임은 끊지말라" 처럼 백①이 좋은 경우가 적지 않다.

〈응용 예〉

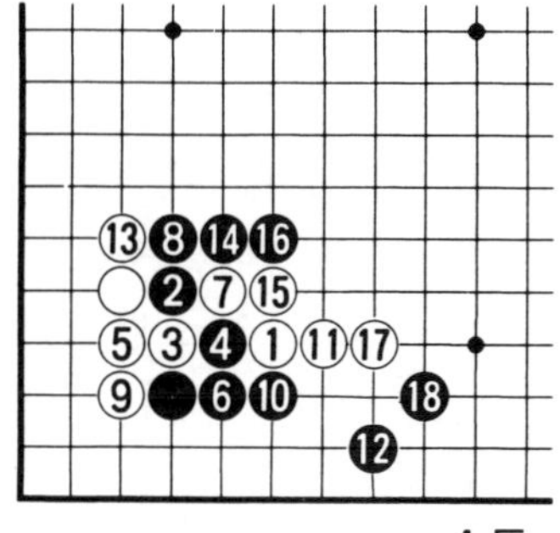

4 도

4 도 (목자「대사」 정석)

대사 백변이니 천변이니 할 정도로 그 정석은 난해하다.

이것도 그 하나의 변화로 흑⓲로 모행마한 것인 데—

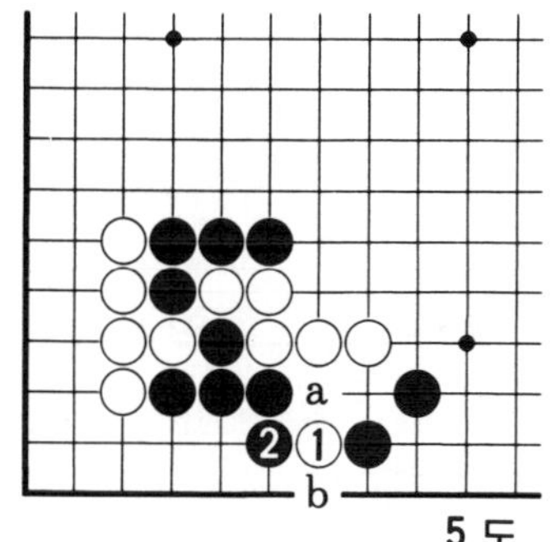

5 도

5 도 (끊지 마라)

백①로 건너붙임해서 흑을 타진하는 것은 상례. 흑은 a에 끊어서는 안 된다. ❷로 응수하고 백a, 흑b로 넘는 것이 정수.

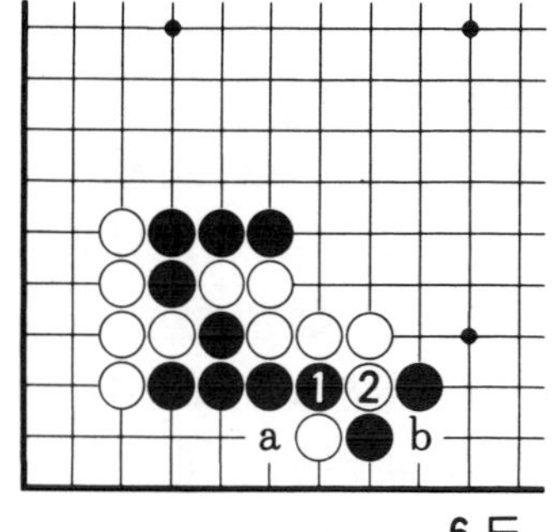

6 도

6 도 (악 수)

5도에서 흑a로 끊으면 안 되는 것을 설명한다면 흑❶에 백②로 a와 b의 맞보기가 있기 때문이다.

〈참고 예〉

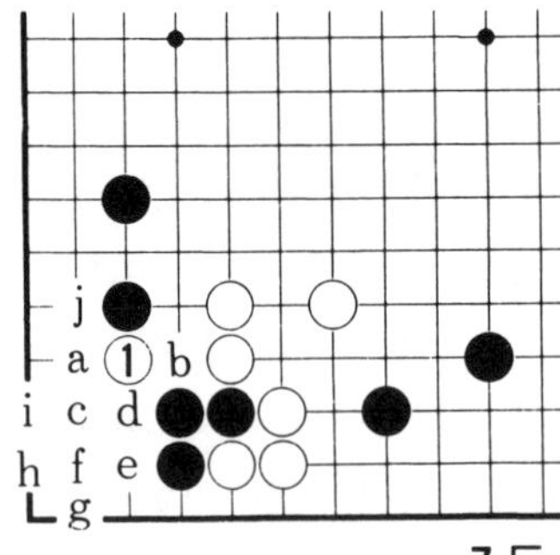

7 도

7 도 (주 의)

백①로 건너붙이면 독자 여러분은 어떻게 응수할 것인가. 흑a로 받으면 백b, 흑c, 백d, 흑e, 백f, 흑g, 백h, 흑i, 백j로 궁지에 몰리고, 그렇다고 해서—

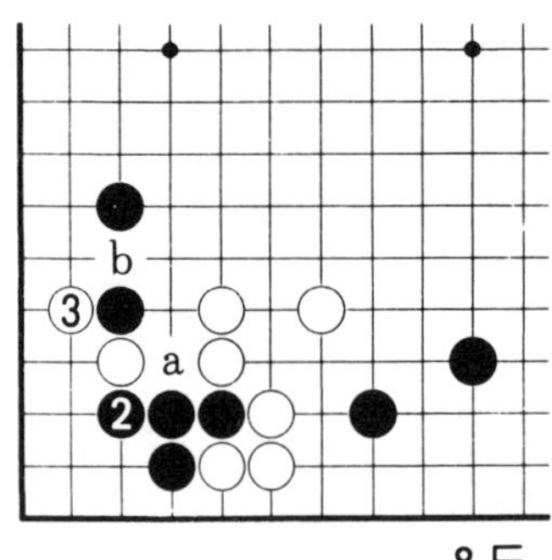

8 도

8 도 (젖힘 수)

흑❷로 받는 것은 백③의 젖힘수로 흑은 역시 곤란하다. 흑a면 백b 다.

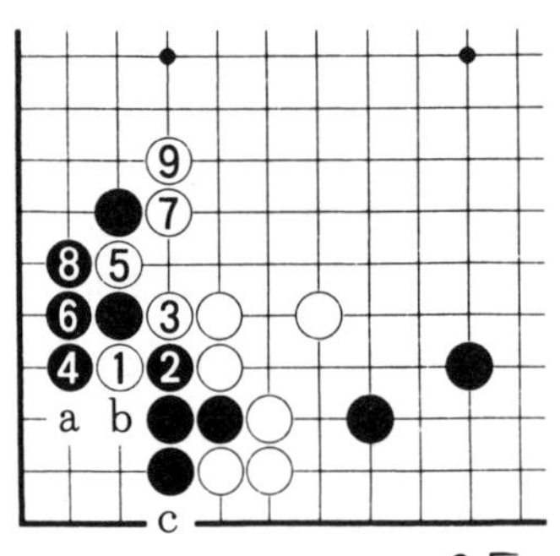

9 도

9 도 (끊어라)

이런 경우에는 흑❷이하 ❻으로 잡는 것이 무난하다. 도중에서 흑❹로 ❻에 둘 수도 있지만 백a에 모붙임, 흑b, 백c의 젖힘을 당한다.

◖[문제도]◗

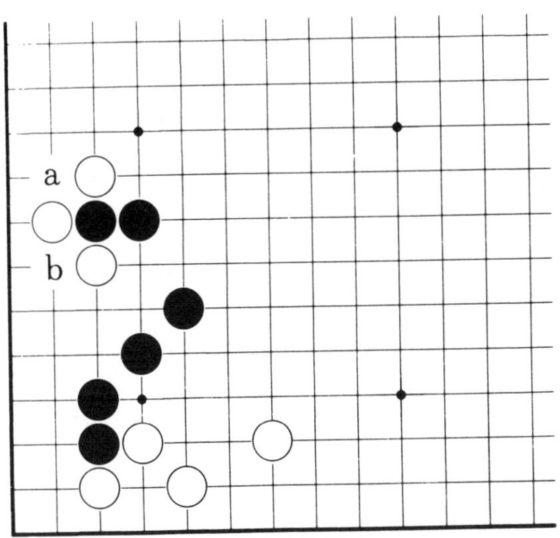

테스트 9

흑 선

흑이 a와 b의 끊음을 생각할 수 있다.

어느쪽에서부터 끊어야 할까.

또 그 결과가 어떻게 되겠는가.

9. 끊는 쪽을 잡아라

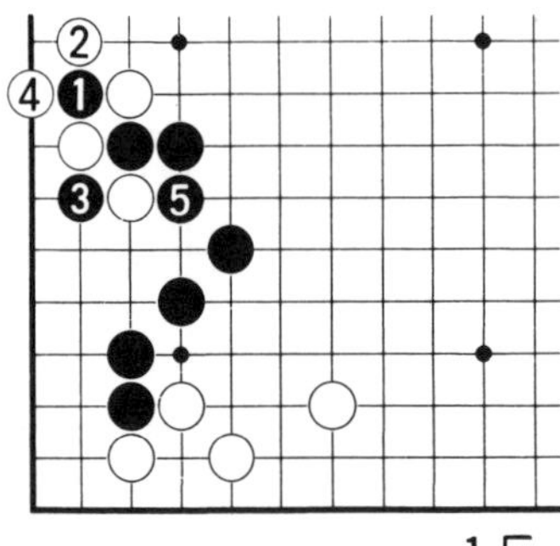

1도

1도 (실 패)

"끊은 쪽을 잡아라"의 원칙에 따라 백②, ④로 빵때림한 형이 이상적이다. 그것은 흑이 잘못 끊었다는 말이다.

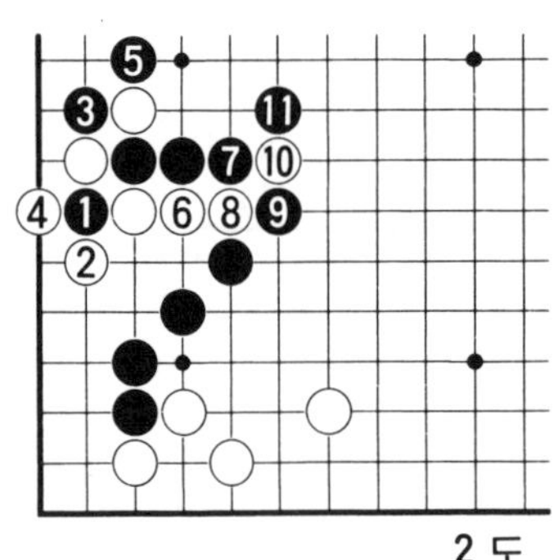

2도

2도 (정 해)

흑❶부터 끊는 것이 정수. 백② 이하 ⓫의 다음에.

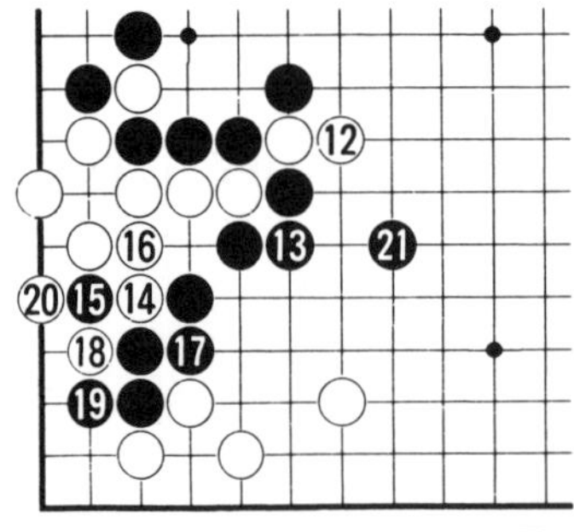

3도

3도 (계 속)

백⑭이하 백⑳까지로 안에서 살아야 한다. ㉑로 나와서 중앙에서의 싸움으로 들어간다.

〈응용 예 I〉

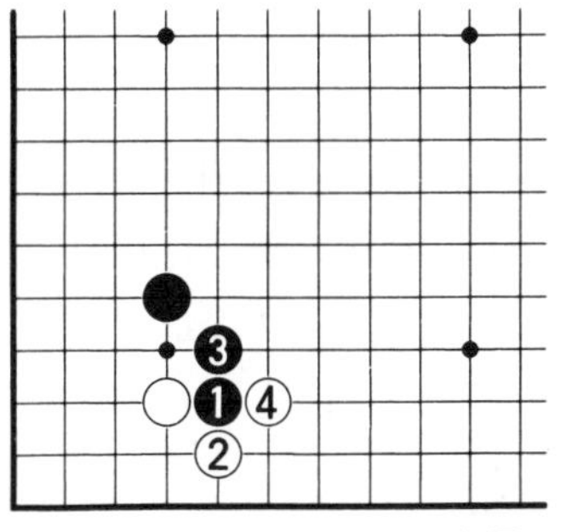
4 도

4 도 (고목 정석)

많이 두는 정석이다. 흑❶, ❸의 붙여 당기기에 백④로 젖혀 올리는 것은 상용 수법. 백은 어느쪽이든 끊으라는 뜻이다. 흑이 끊을 선택권이 있어서 외세를 선택한다면—

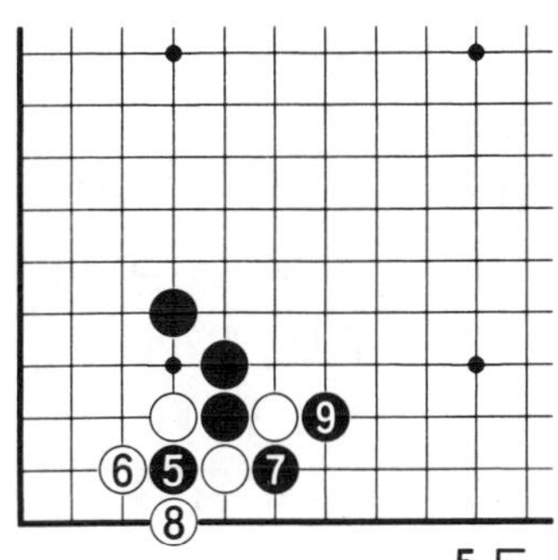
5 도

5 도 (외 세)

흑❺로 안에서 끊어서 ❼, ❾ 축으로 1점을 잡는다. 백으로서는 끊은 쪽, 즉 ⑥으로 ❺를 잡는 것이 원칙이다. 귀의 실리를 취하자면—

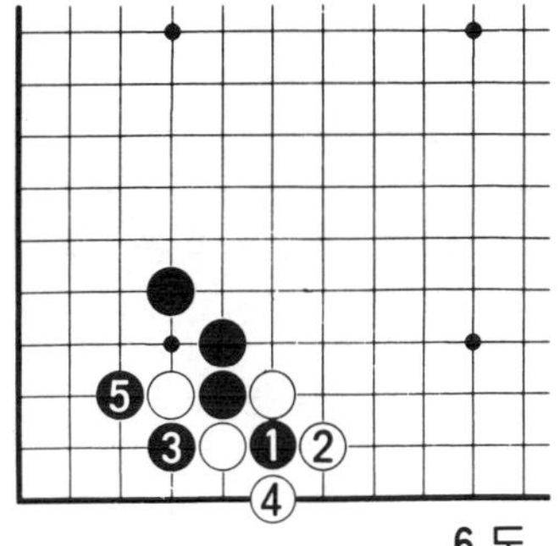
6 도

6 도 (실 리)

흑❶로 밖에서 끊는다. 백은 ②로 끊은 쪽을 잡게 되는 것이다.

〈응용 예Ⅱ〉

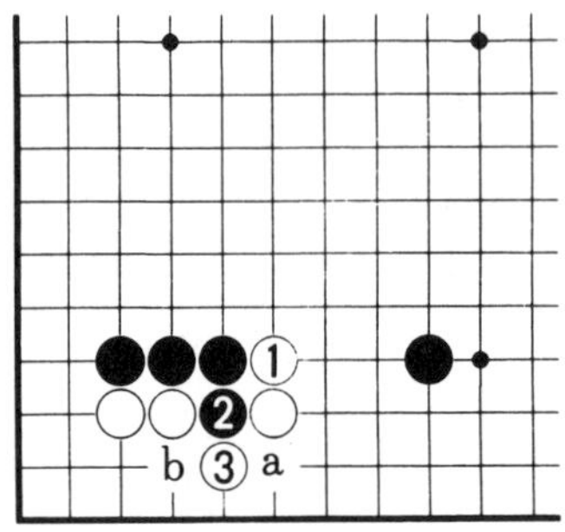

7 도

7 도 (2칸 높은 협공 정석)

백①로 밀어올린 과정에서 흑❷로 내려 끊고 백③으로 막았다. 흑은 a, b의 어디를 끊을 것인가.

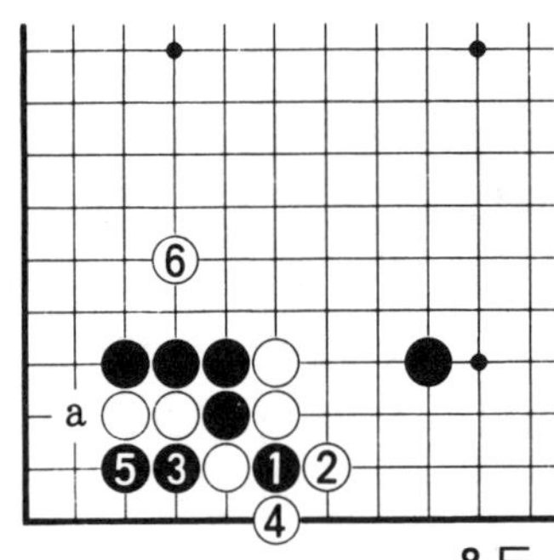

8 도

8 도 (실 패)

흑❶로 끊는 것은 백②로 ❶을 잡고 2점을 버린다. 백은 빵때린 이상형에 더욱이 a와 ⑥의 뒷맛을 남기고, 옆의 흑 한점을 고립시켰다.

9 도

9 도 (정 수)

흑은 ❶로 끊고, 백은 ②로, 끊은 쪽을 잡는 것이 원칙이고, 이하 흑⓭까지 정석이다.

【 문제도 】

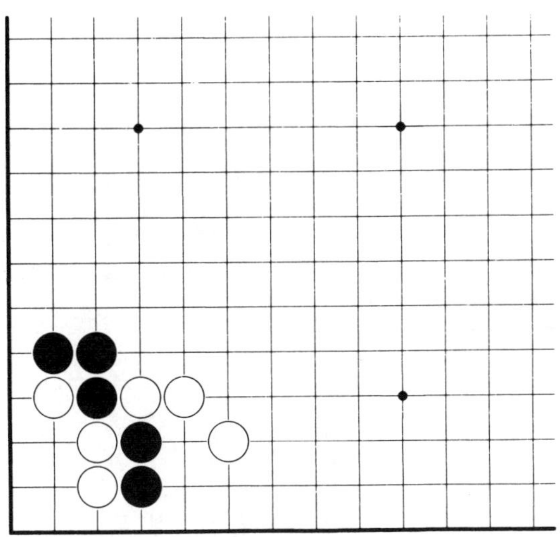

테스트 10

흑 선

하변의 흑 2점은 아직 활력이 있다.

귀의 백을 잡는 수를 생각해 보라.

10. 족제비 배 붙이기

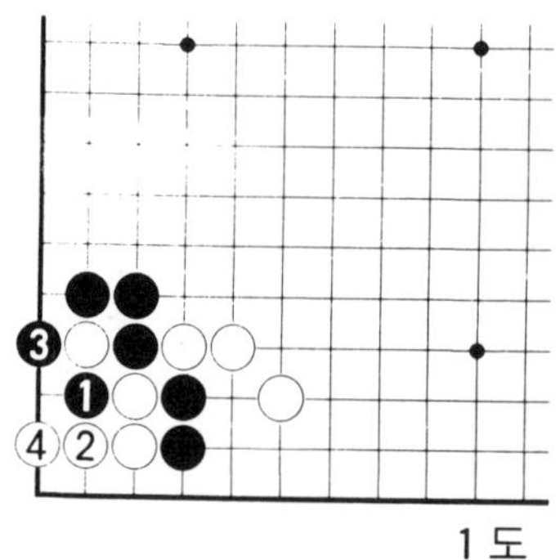

1 도

1 도 (실 패)

흑❶, ❸으로 1점을 잡아서는 백②, ④로 수가 늘어서 흑 2점을 살릴 수가 없다.

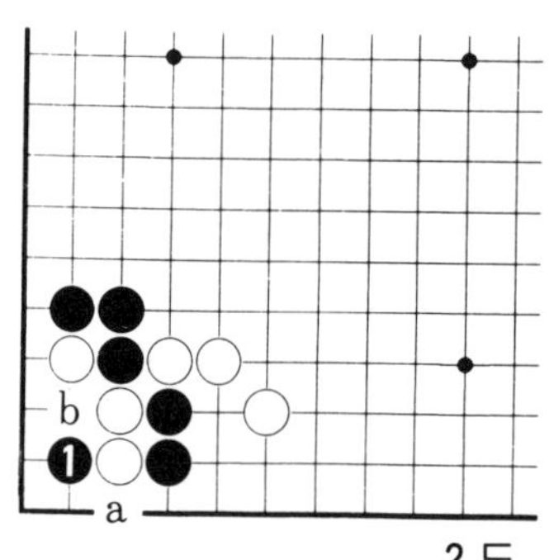

2 도

2 도 (정 해)

흑❶의 붙임이 소위 "족제비 배 붙이기"의 묘수로 백을 잡게 된다. 백a면 흑b로 끊는다.

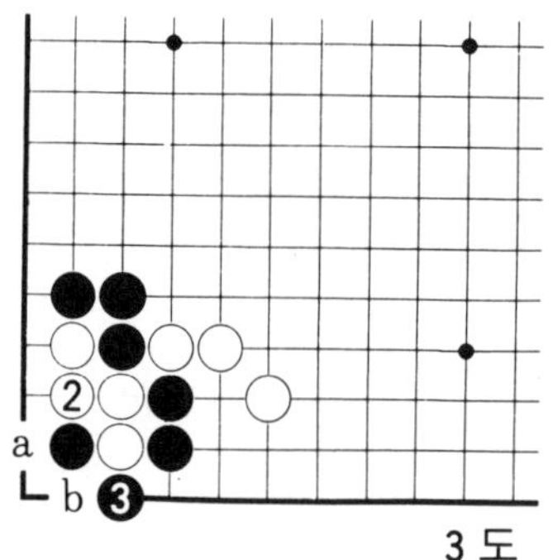

3 도

3 도 (변화)

만일 백②로 이으면 흑❸으로 건너서 역시 흑의 승리. 백a면 흑b로 역시 승리다.

〈응용 예〉

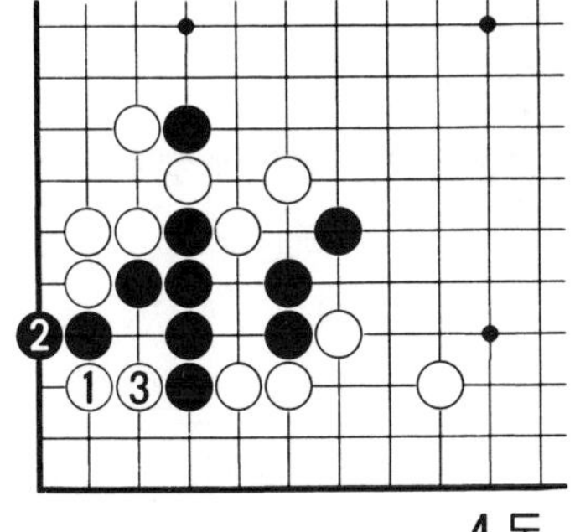

4 도

4 도 (흑 선)

백 ①의 끼워 붙이기에서 ③으로 좌우 연락을 꾀하여 왔다. 흑은 어떻게 응수할 것인가 하는 문제.

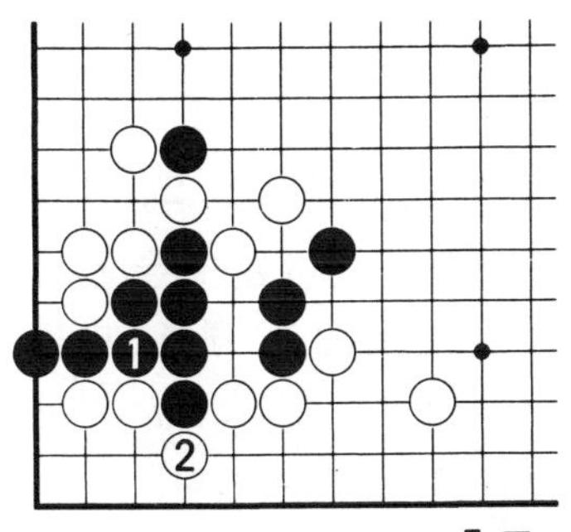

5 도

5 도 (속수 무책)

어쨌든 끊겨서는 안 된다. 그렇다고 흑 ❶로 이어서는 백 ②로 넘어가서 흑이 벌거숭이가 된다. 근거를 잃은 흑은 유랑의 신세가 된다.

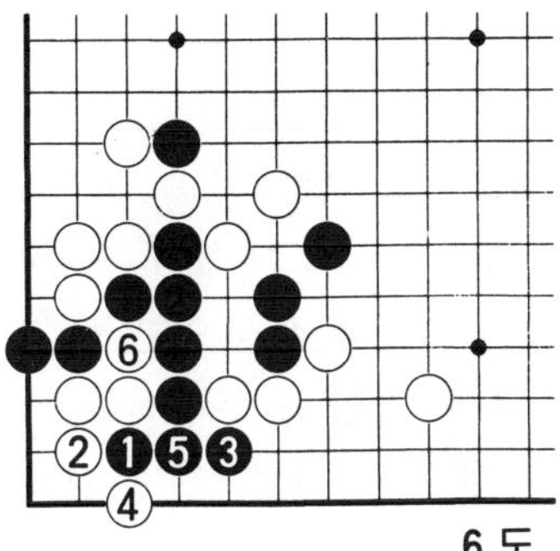

6 도

6 도 (실 패)

그렇다고 흑 ❶, ❸으로 백의 연결을 끊으면 백 ②에서 ⑥까지로 흑2 점이 잡힌다. 상황에 따르겠지만 결과는 대동소이하다.

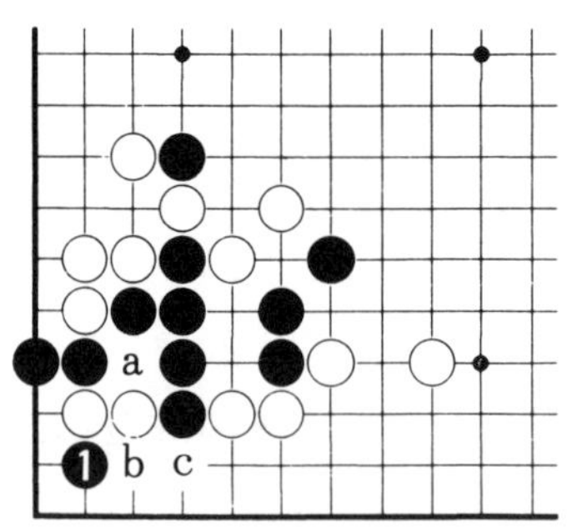

7 도

7도 (정 답)

흑❶이 "족제비 배 붙이기"다. 이것으로 백2점의 생명을 빼앗는 것이다. 백a면 흑b, 백c라도 흑b로 백2점은 빠져 나올 수가 없다.

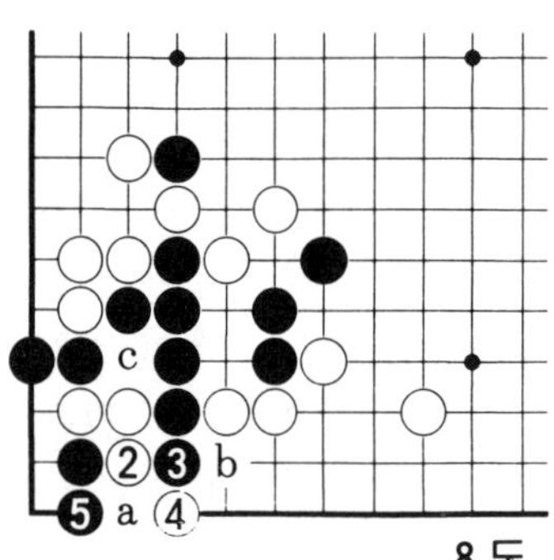

8 도

8도 (계 속)

백 최대의 저항은 ②, ④이며 흑❺의 내려섬이 중요하다. (이유는 9도 참조) 다음에 백a에 이으면 흑b로 여전히 백c로 끊지 못한다.

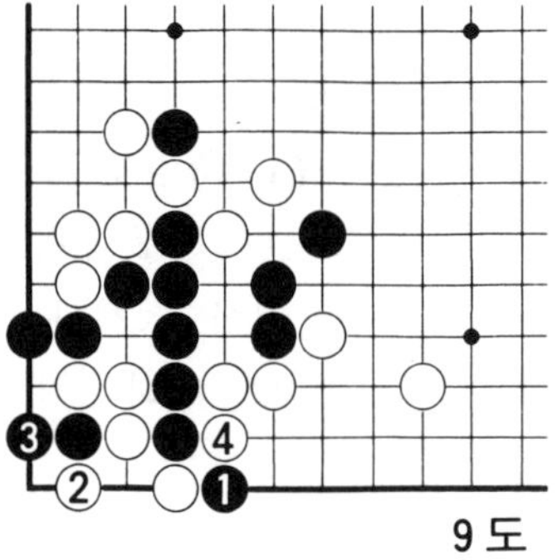

9 도

9도 (주 의)

8도 백④에 대하여 무심히 9도 흑❶로 막으면 백②의 단수(흑❸은 부득이하여)에서 ④로 끊어서 패가 된다.

◖[문제도]◗

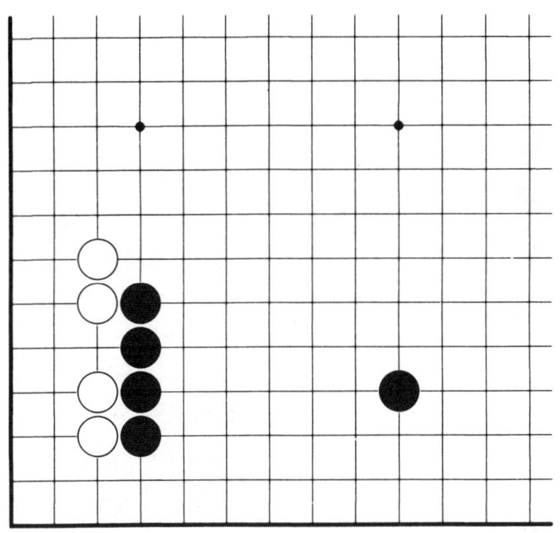

테스트 11

흑 선

좌측의 백에 뒷맛이 있다.

흑은 그 헛점을 문책하면서 세력을 신장 하고 싶은 곳이다.

11. 곳등에 올라타기

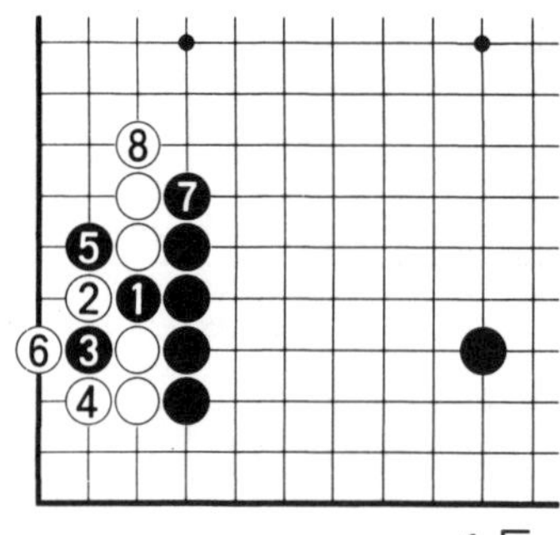

1도

1도 (실 패)

흑에 두 가지의 잘못이 있다. 그 하나가 ❸의 끊음이고 또 하나가 ❼의 밀어 붙임이다.

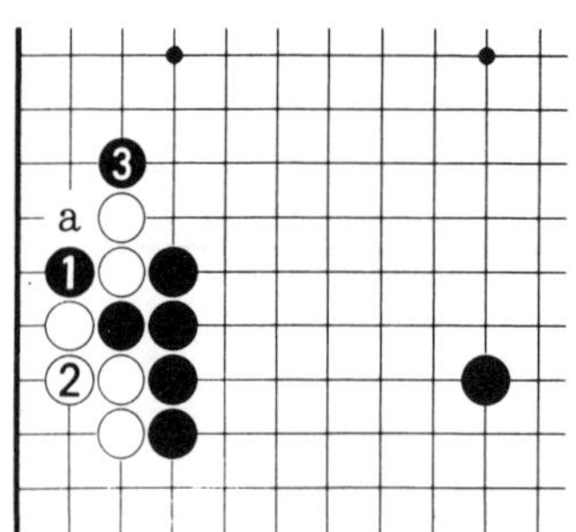

2도

2도 (정 해)

흑❶부터 끊는 것이 정수. 백②로는 "끊은 쪽을 잡으라"는 격언대로 a로 잡고 싶지만 귀의 2점이 잡히므로 ②로 이으면 흑❸이 소위 "곳등에 붙이기"의 맥점.

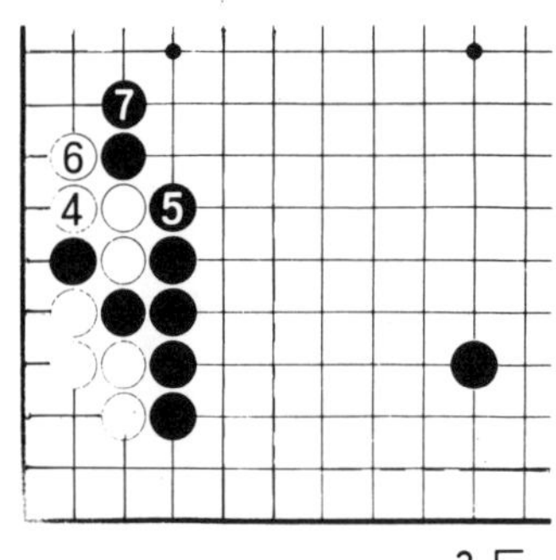

3도

3도 (계 속)

이하 ❺, ❼로 백을 2선으로 압박해야 한다.

◖[문제도]◗

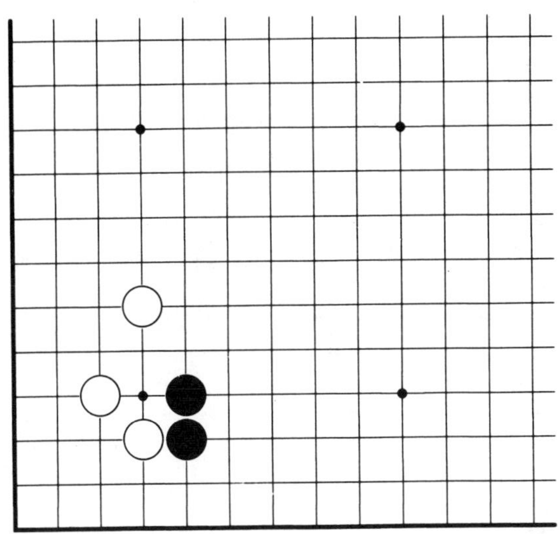

테스트 12

흑 선

흑은 전개하고 싶은데 어디까지 전개하는 것이 좋을까.

제 3선에서 전개의 원칙이 있다.

12. 2립 3전의 원칙

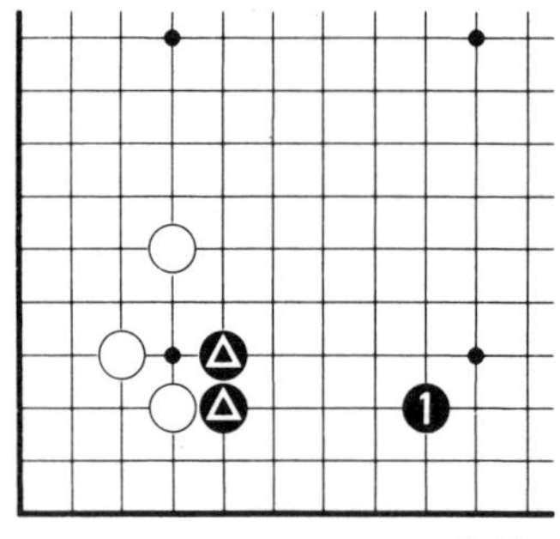
1도

1도 (정 해)

▲의 2점이 서 있는 돌에서 세칸 벌림이 이상형이라는 격언이다.

흑❶이 2점에서 세칸 벌린 2립 3전이다.

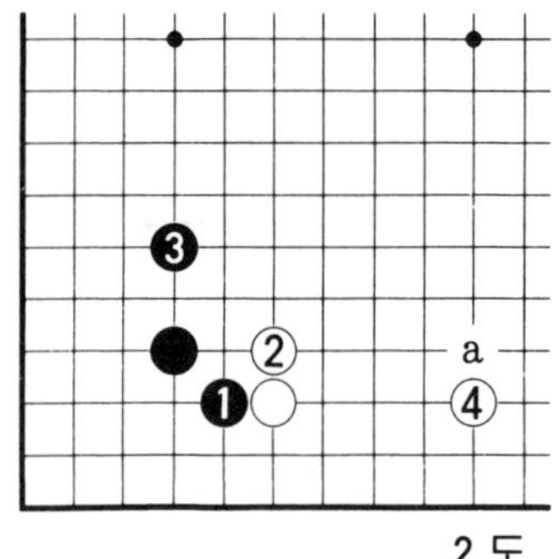

2도

2도 (흑 불만)

흑❶의 모붙임은 백이 ④의 2립 3전 또는 a의 이상형을 허용하기에 불만이란 것이다. 그렇다고 하여 —.

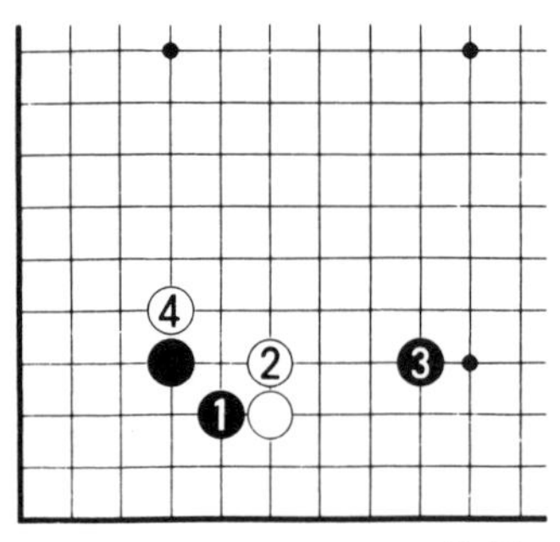
3도

3도 (반격도 불만)

흑❸의 협공은 백④의 붙임에서 —.

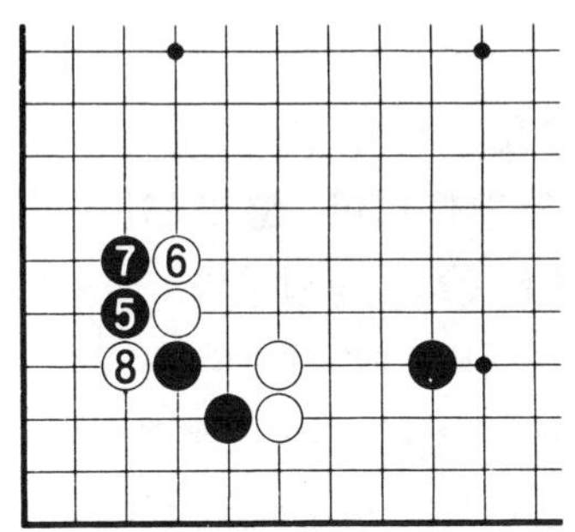

4 도

4 도 (계 속)

흑❺, ❼에 백⑧로 끊는 준엄한 반격을 받는다. 이 다음의 진행을 설명한다면—.

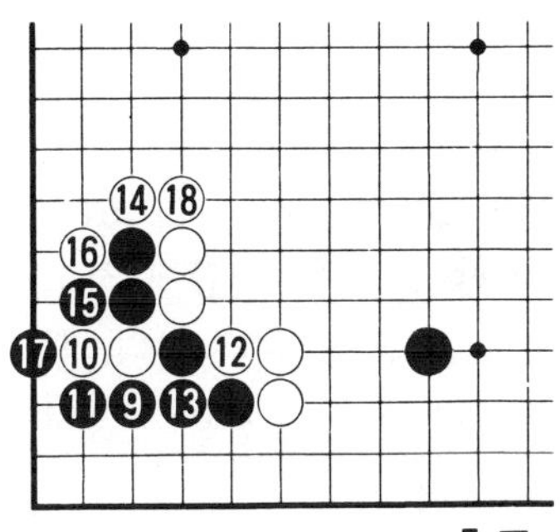

5 도

5 도 (강요 당한다)

흑❾로 단수 치는 정도다. 백은 ⑩으로 "2점으로 키워버려라"의 격언대로 먼저 백⑫의 단수를 강요하고 다음에 ⑭의 젖힘에서 ⑯으로 세력을 구축한다.

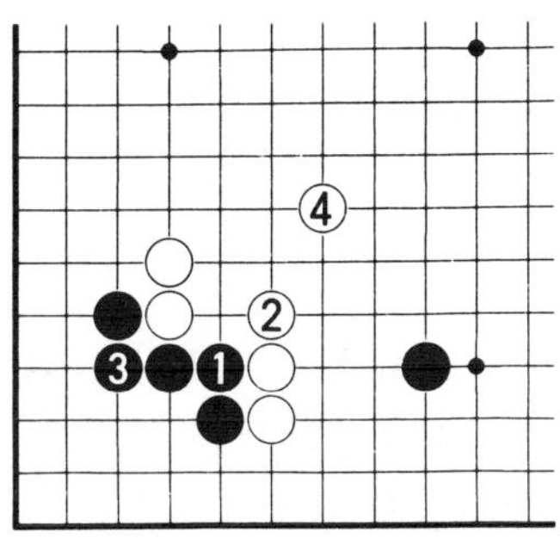

6 도

6 도 (변 화)

5도처럼 되어서는 흑 불만이므로 여기에서 4도의 흑❼로 기지 않고 ❶, ❸으로 잇는다.

백도 ④로 갖추게 되어서 두터운 세력이다.

〈참고 예〉

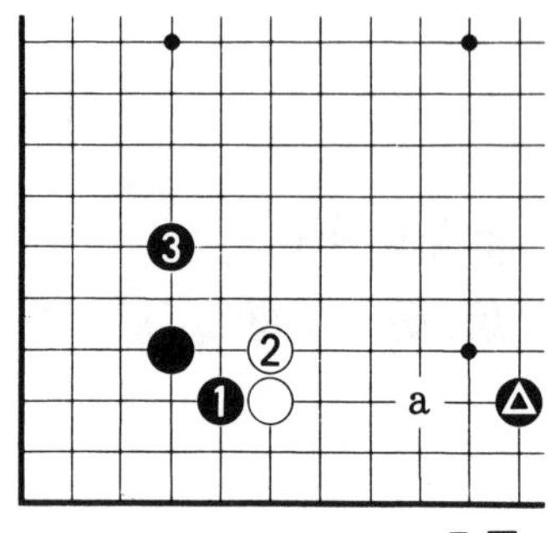

7 도

7 도 (백이 전개가없을 때)
우변에 이미 ▲가 있으면 흑❶, ❸은 성립한다. 백a의 의 벌림은 더 전개할 수 없는 2립 3전이 되지 못하므로, 흑으로서는 만족한 것이다.

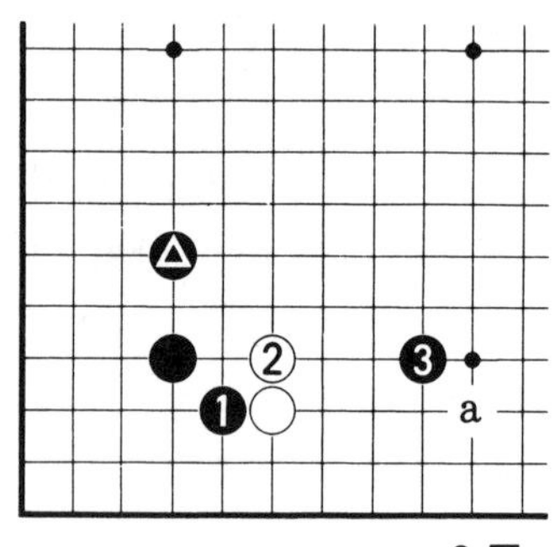

8 도

8 도 (공 격)
이미 ▲가 예비 되어 있으면 흑❶로 백을 무겁게 하고 ❸으로 협공할 수가 있다. 백에게 a의 2립 3전을 허용하지 않아서 흑의 만족.

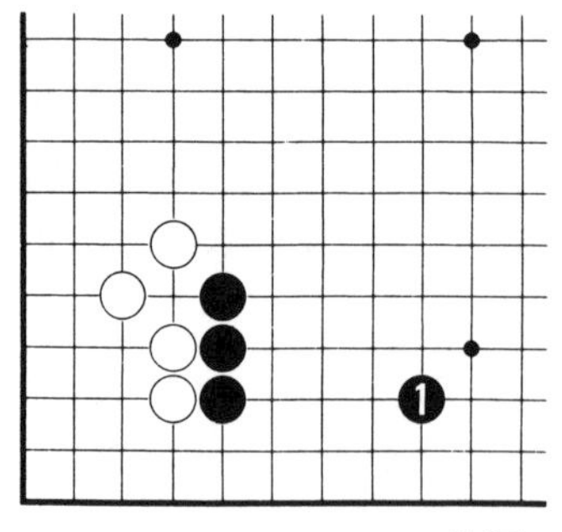
9 도

9 도 (3립 4전)
3립은 네칸을 벌리라는 격언이지만 실전에서는 역시 세칸이 견실하다.

◖[문제도]◗

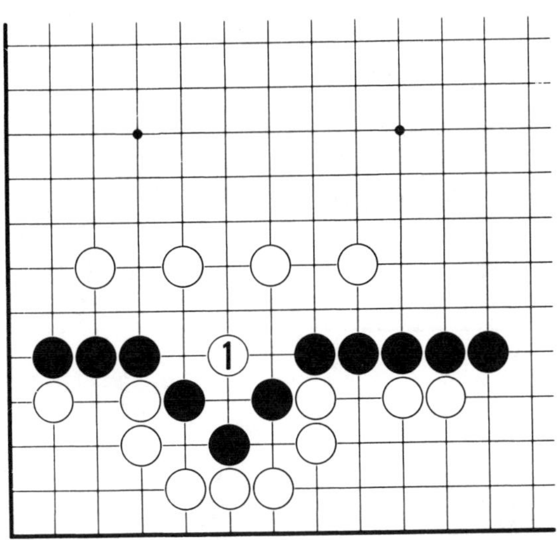

테스트 13

흑 선

백이 ①로 엿보고 흑을 어느쪽으로나 절단하고자 한다.

흑이 절단을 모면할 수가 있다면—.

13. 좌우 동형은 중앙에 수 있다

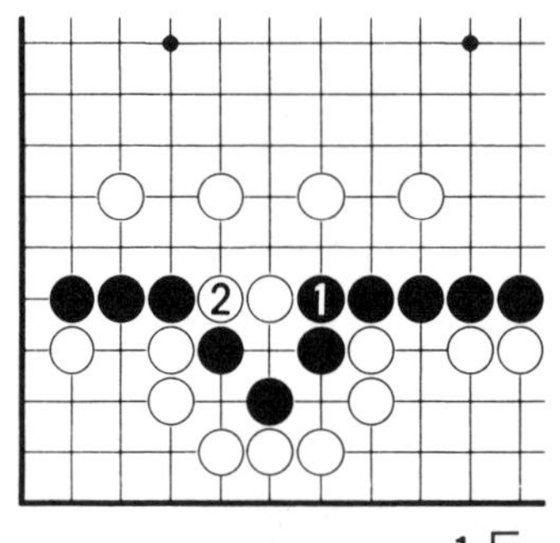
1도

1도 (실 패)

흑❶로 한쪽부터 정직하게 이어서는 백이 쉽게 ②로 절단한다.

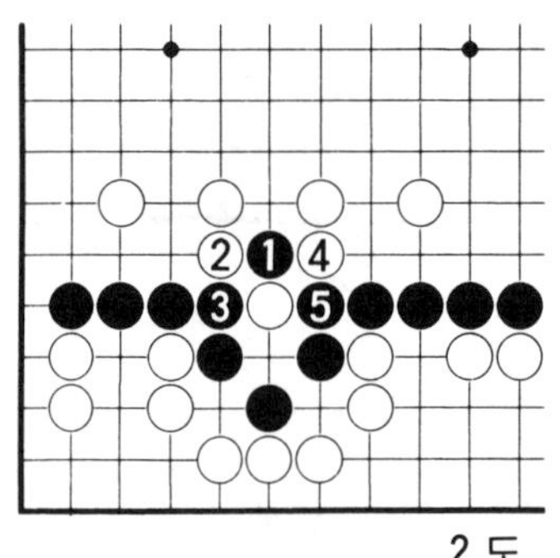
2도

2도 (정 해)

"좌우동형은 중앙에 수 있다"의 격언대로 이 흑❶이 급소에 해당. 백②에 흑❸으로 잇고, 백④에 흑❺로 양쪽 모두 연결이다.

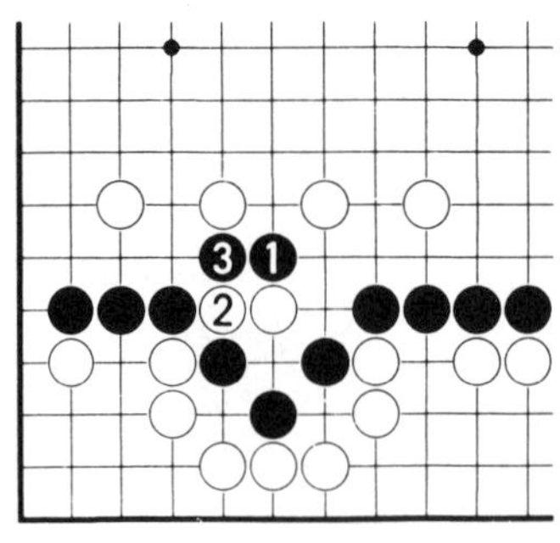
3도

3도 (변 화)

백②는 흑❸으로 백 2점이 잡히게 된다.

물론 흑의 성공이다.

〈응용 예 I〉

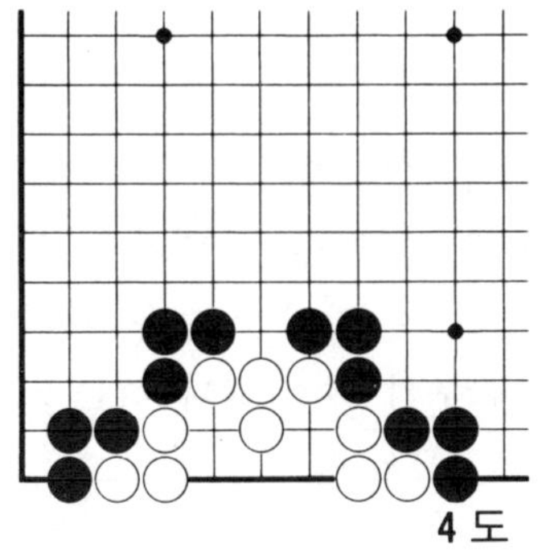
4 도

4 도 (흑 선)

백의 환격을 문책하는 문제이다. 이것도 "좌우동형에 수 있다"의 격언을 상기한다면 쉽게 알 수 있을 것이다.

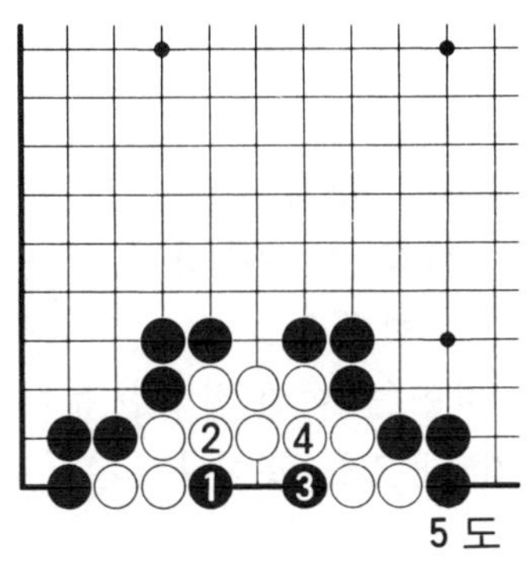
5 도

5 도 (실 패)

보통 쉽게 흑❶로 단수를 쳐서는 실패다. 백②로 이어서 ❸으로 단수쳐도 ④로 이어서 자충으로 ❶, ❸을 잇지 못해서 백의 생이다.

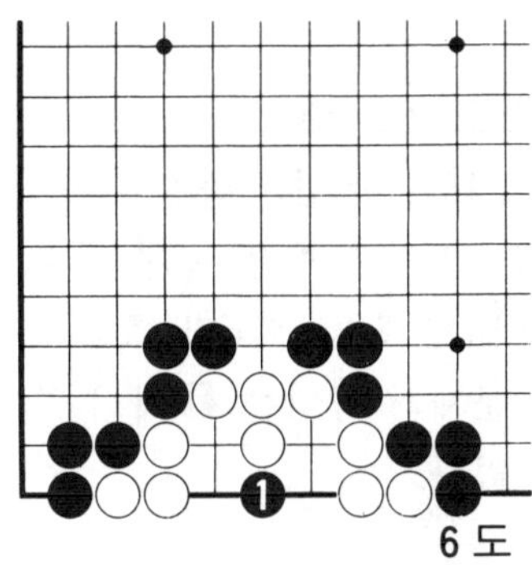
6 도

6 도 (정 해)

새삼스럽게 설명할 필요 없이 흑❶이 "좌우동형"으로 어느쪽이나 환격이 되는 곳이다.

이와 같은 유형은 실전에서 많이 생기는 수.

〈응용 예 Ⅱ〉

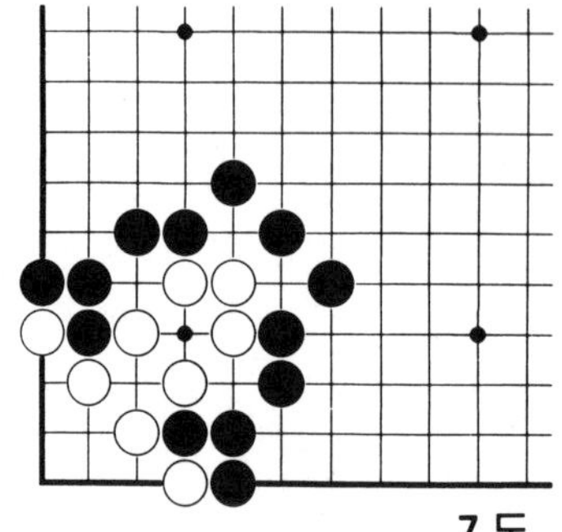

7도

7도 (흑 선)

귀의 백은 얼른 보기에 살아있는 것 같지만 손을 빼면 흑에 수가 있지 않나 하는 느낌이 든다.

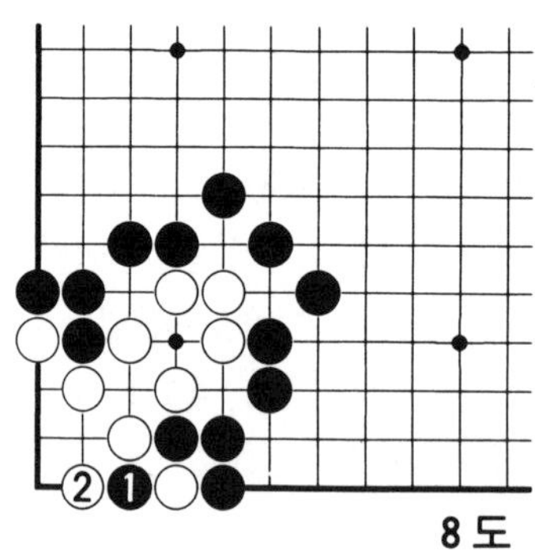

8도

8도 (실 패)

쉽게 흑❶로 1점을 잡아서는 백②로 응수하여 백을 잡지 못한다.

위쪽에는 이미 확실한 눈이 1집 나 있는 것이다.

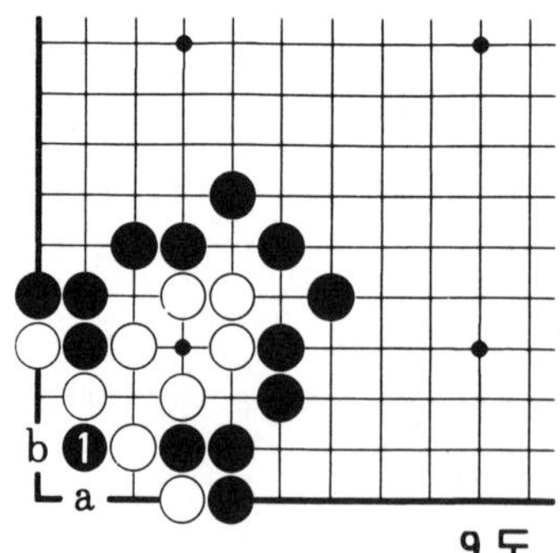

9도

9도 (정 해)

흑❶로 동형의 중앙에 붙여대는 1점에 백은 죽게 된다.

백a면 흑b, 백b면 흑a다.

이 문제의 중앙은 ❶자리 밖에 없다.

〈응용 예 Ⅲ〉

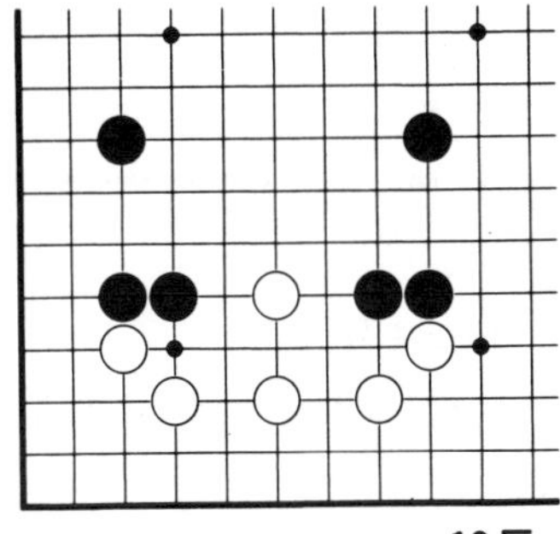

10도

10도 (흑 선)

"좌우동형은 중앙에 수있다"는 사활에만 해당되는 것이 아니다.

이 형에서 흑의 수단이 있는가의 문제.

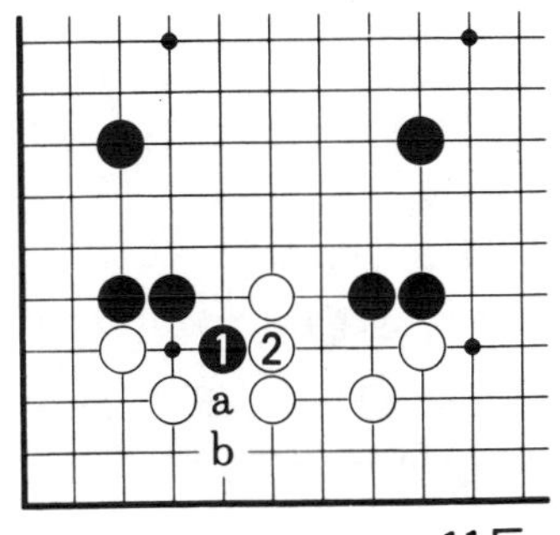

11도

11도 (실 패)

보통 흑❶로 엿보아서는 백②로 이어서 별 수 없다.

만일 이 다음 흑이 a에 나와도 백b로 그만이다.

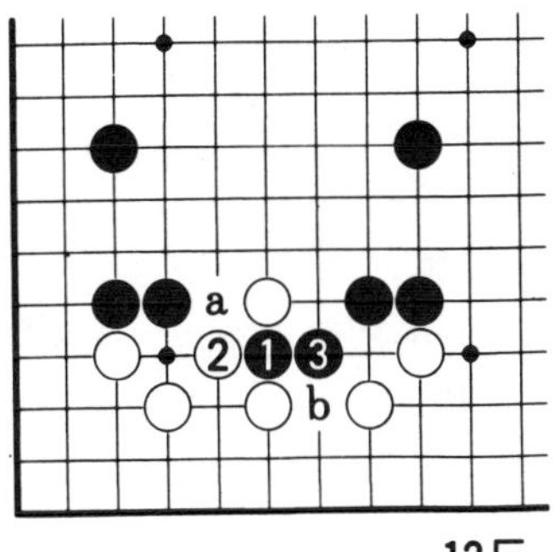

12도

12도 (정 해)

역시 동형은 중앙으로 흑❶로 중앙에 건너 끼우는 것이 정수. 백②면 흑❸으로 늘리고 흑은 a의 절단점과 b로 내려 끊는 것을 맞본다.

〈응용 예 Ⅵ〉

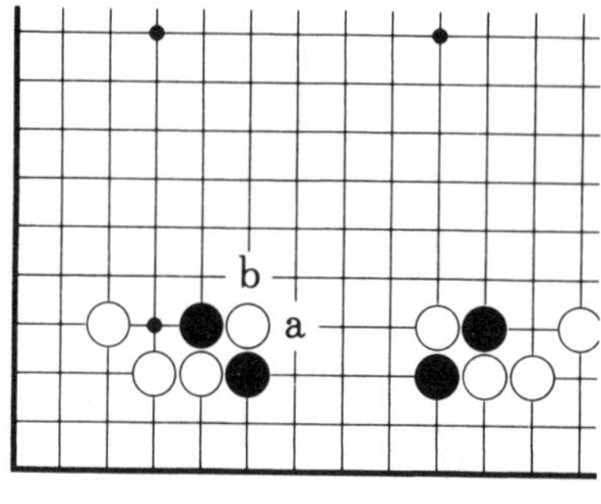

13도

13도 (흑선)

흑a, 백b로는 별로 대단치 않다.

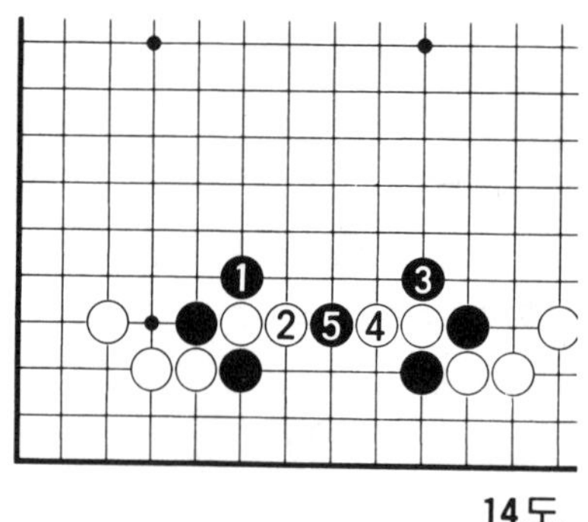

14도

14도 (정 해)

먼저 흑❶로 단수. 같은 모양으로 ❸단수. 또 같은 중앙인 ❺가 정수.

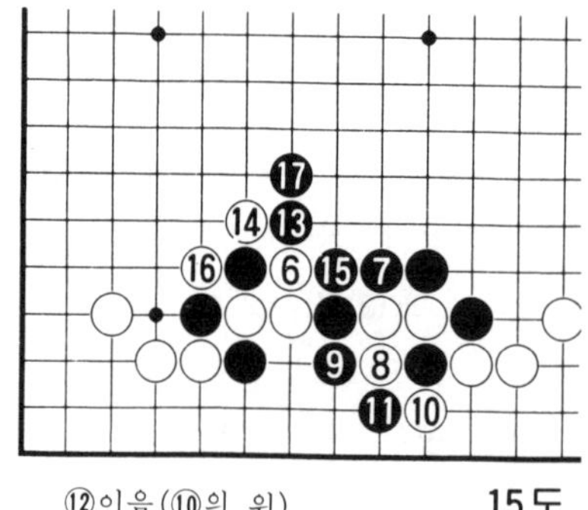

⑫이음(⑩의 위)

15도

15도 (계 속)

백⑥으로 나오면 흑❼이하 ⓱까지로 절충하는 것이다.

【 문제도 】

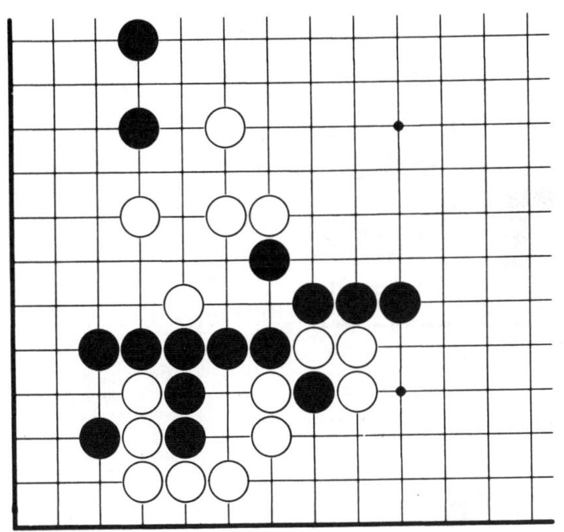

테스트 14

흑 선

하변의 우측을 흑은 봉쇄하고 싶은 곳이다.

어디에 둘 것인가.

또 그 이유를 생각해 보라.

14. 적의 급소는 나의 급소

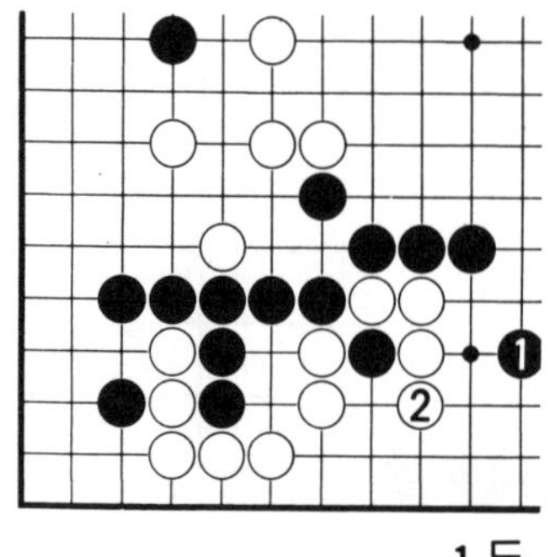

1 도

1 도 (정 해)

흑❶이 급소. 백도②로정비하는 것이 상용수단이다.

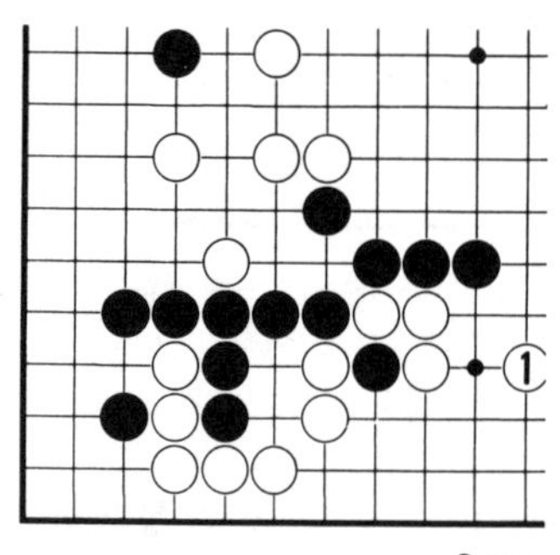

2 도

2 도 (참 고)

백도 ①이 요점이다. 즉 적의 급소는 나의 급소인 것이다.

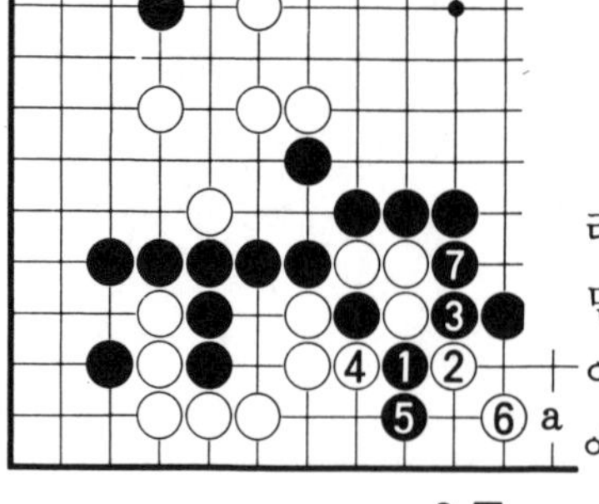

3 도

3 도 (참 고)

1 도의 백②를 상용수단이라고 하였는데 만일 손을 빼면 3 도의 ❶이 역시 급소로 이하 ❼까지 압박한다. 다음에 흑a가 부분적인 맥점.

◖[문제도]◗

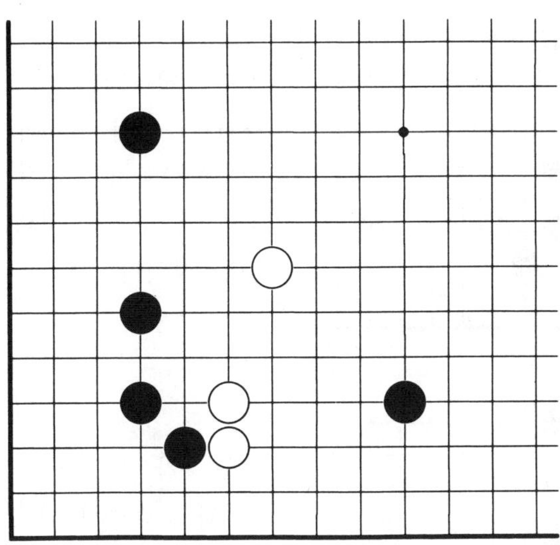

●응용 문제　　　백　선

백의 모양이 이대로는 불안하다.

흑의 공격이 오기 전에 정비하고 싶은 데 어떻게 정비할 것인가.

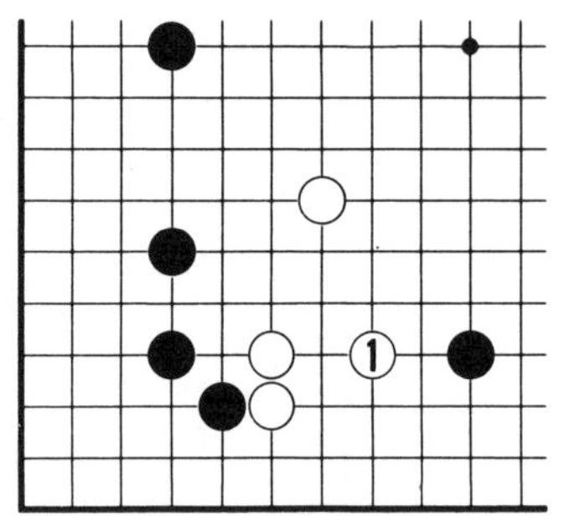

4 도

4 도 (정 해)

백①이 정비 수. 이 점만 두어 놓으면 흑이 급작스럽게 공격해 올 염려는 없다. 소위 정수인 것이다. 만일 백이 손을 빼면—.

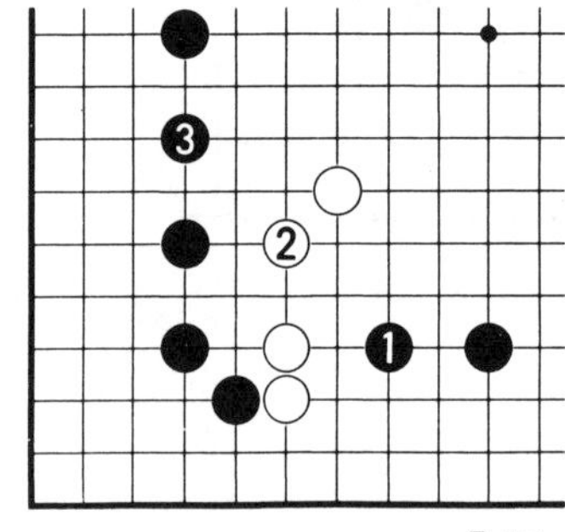

5 도

5 도 (참 고)

"적의 급소는 나의 급소"로 흑❶로 다가선다.

백으로서는 ②로 연락할 정도이지만 흑이 리듬을타고❸이 기라성 같다.

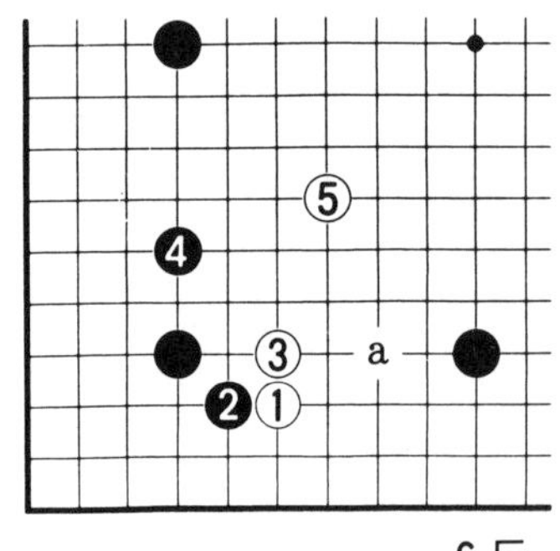

6 도

6 도 (원 형)

접바둑 등에서 많이보는형이다.

흑❷, ❹로 공격했을 때 백⑤로 뛴 것인 데 백⑤로는a에 갖추는 것이 보통이다.

【문제도】

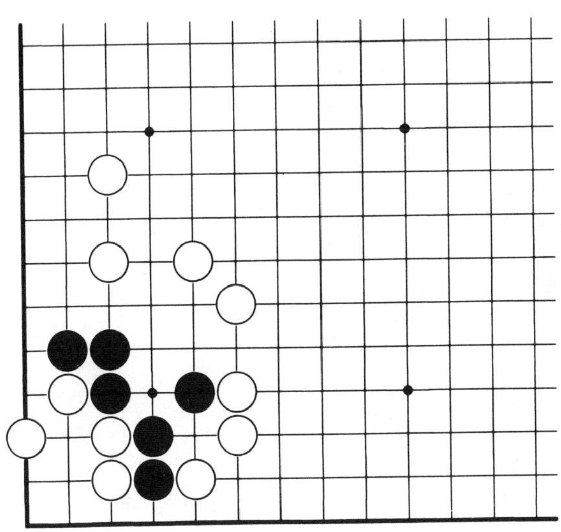

테스트 15

흑 선

흑은 완전 봉쇄다.

과연 살 수 있는 길이 남아 있을까.

귀의 백 결점을 찌르는 것이다.

15. "2의 一"에 묘수 있다

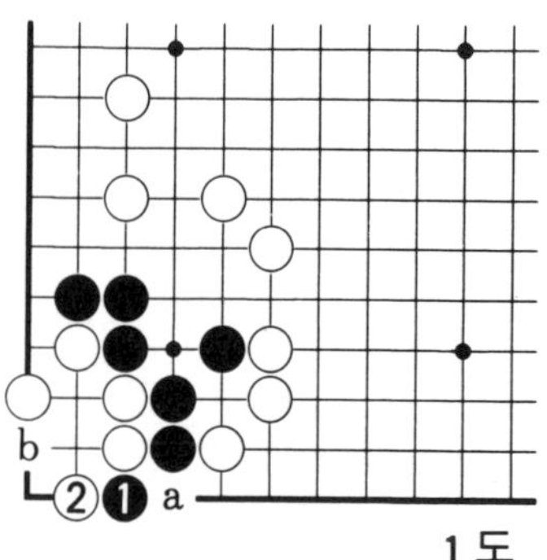

1도

1도 (실 패)

흑❶로 젖혀서는 방법이 없다. 백②에 흑a면 백b로 쉽게 산다.

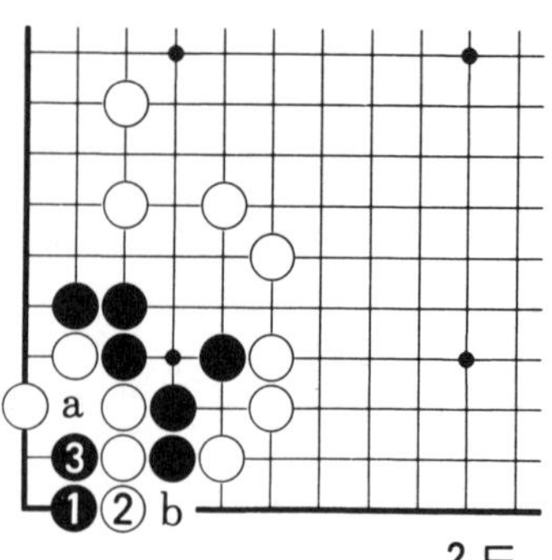

2도

2도 (정 해)

흑❶이 소위 "2의 一"의 급소에 치중한 것이다 백②에 흑❸이 후속수다. 백a면 흑b고, 백b로 넘으면 흑a다.

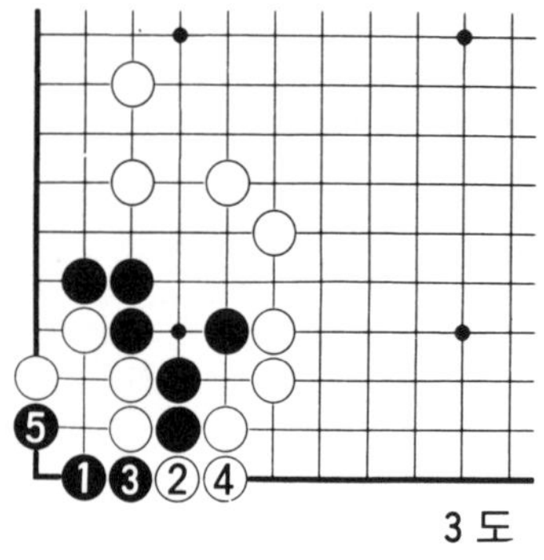

3도

3도 (변 화)

백②로 넘으면 흑❸에서 ❺로 귀의 백 4점이 잡혀서 봉쇄 되었던 흑대마는 살게된다.

〈응용 예 I〉

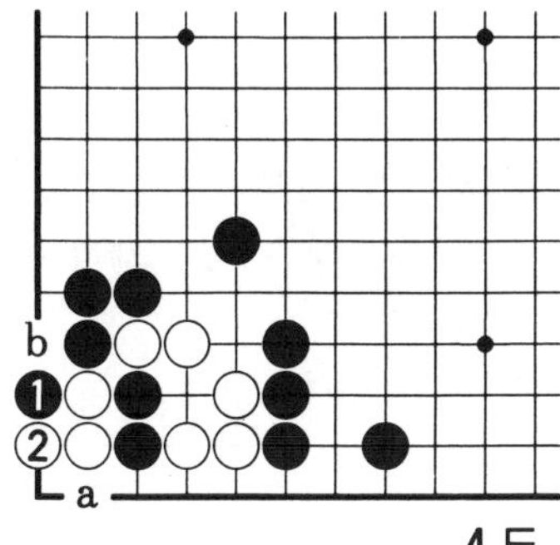

4 도

4 도 (흑선 · 실패)

귀의 백에 대하여 어떤 수가 있을까 하는 문제. 흑❶로서는 백②로 수가 없다. 다음에 흑a 백b로 실패.

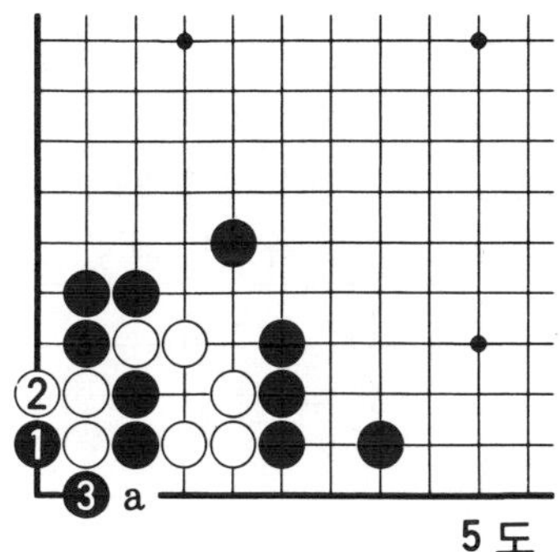

5 도

5 도 (2 의一의 묘수)

흑❶의 붙임이 "2 의 一의 급소"에 해당된다. 백②로 막으면 흑❸으로 패가 된다. 백이 ②로 a면 흑이 ② 자리에 두어서 백 전체가 죽는다.

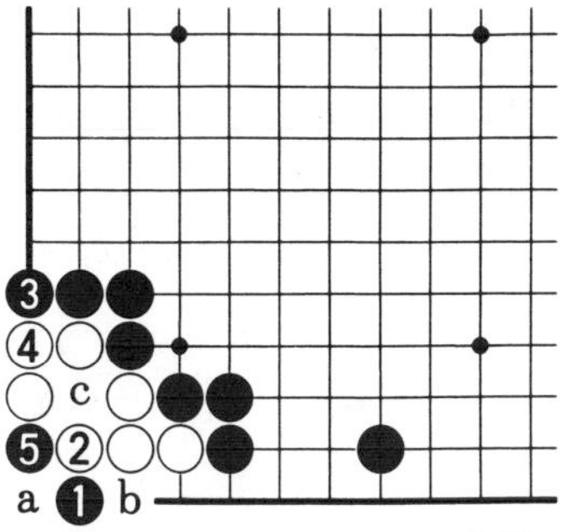

6 도

6 도 (유사형)

흑이 ❶의 급소에 치중해서 백 무조건 살 수 없다. 백②, 흑❺로 패로 생·사. 백④로 a면 흑④, 백b, 흑c로 같다.

이것도 2 의 一의 묘방.

〈응용 예 Ⅱ〉

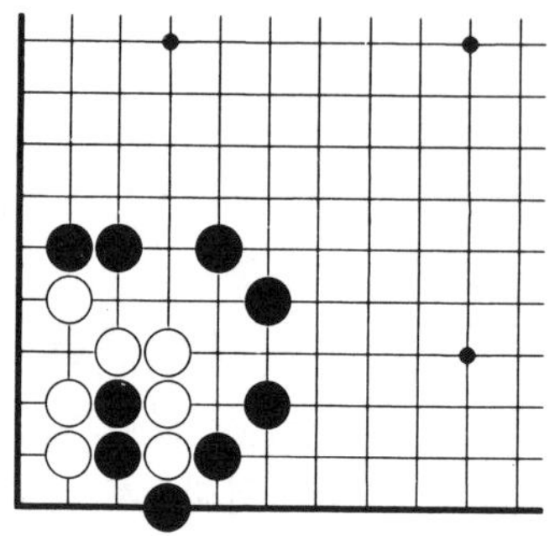

7 도

7 도 (흑 선)

귀의 특수성을 이용하여 백을 잡는 문제.

당신이 흑이라면 어떻게 두겠는가.

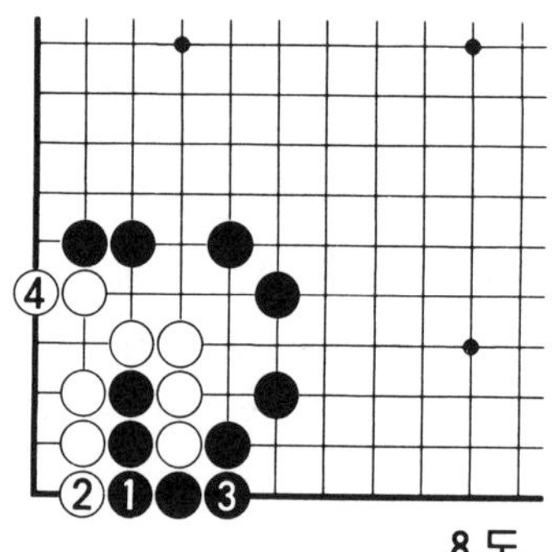

8 도

8 도 (실 패)

단수라고 하여서 흑❶로 잇는 것만 생각한다면 백을 잡을 수는 없는 것이다.

백② 이하 백④로 유유히 살았다.

a b ② ❶❸

9 도

9 도 (정 해)

흑❶의 젖힘이 귀의 특수성. 백②, 흑❸으로 백 사. 백 a면 흑 b. 또 백②로 2점을 따면 흑은 ❸자리의 1점을 되따서 역시 백을 잡는다.

제2장

싸움의 요령과 격언

우선 수비자세로

【 문제도 】

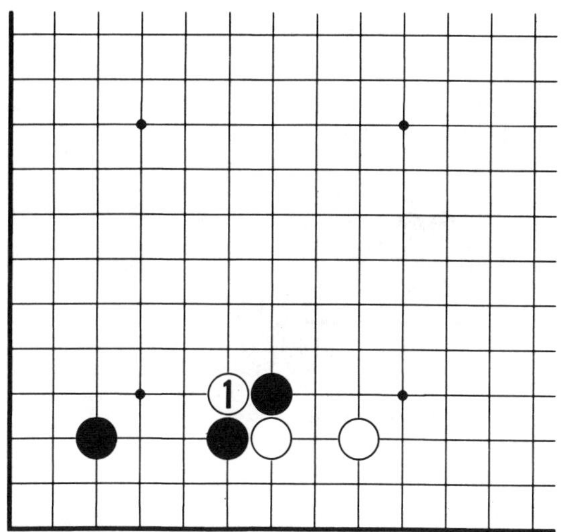

테스트 16

흑 선

백 ①로 맞끊어 왔다.

이런 경우에 흑은 어떻게 응수하는 것이 일반적인가.

16. 맞끊으면 한쪽을 뻗어라

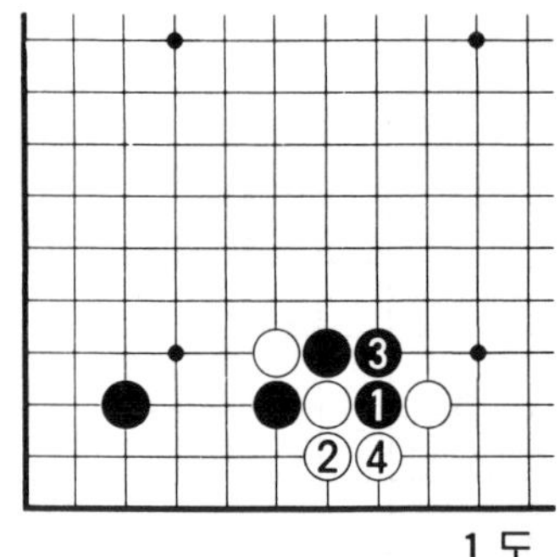

1 도

1도 (실 패)

흑 ❶, ❸ 단수치고 잇는 것은 속수. 백 ④로 넘겨줘서 허탕.

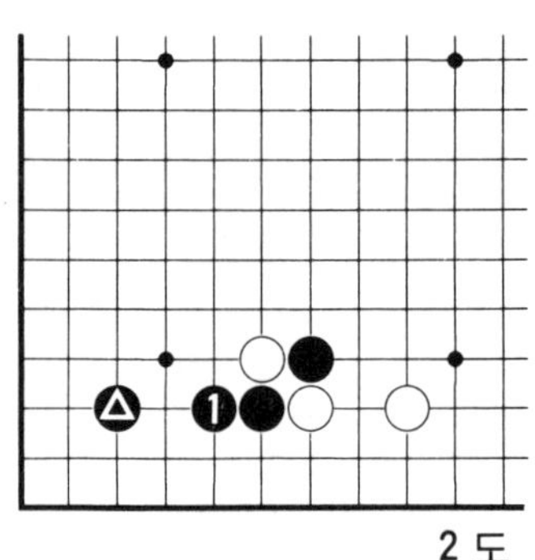

2 도

2도 (정 해)

대부분의 경우 우군과(여기에서는 ▲)의 연락을 갖도록 흑 ❶로 뻗는 것이 정수.

3 도

3 도 (불충분)

그것을 흑 ❶로 위로 느는 것은 백 ②, ④로 빵때림 당해서 ▲가 고립하므로 좋지 않다.

〈응용 예 I〉

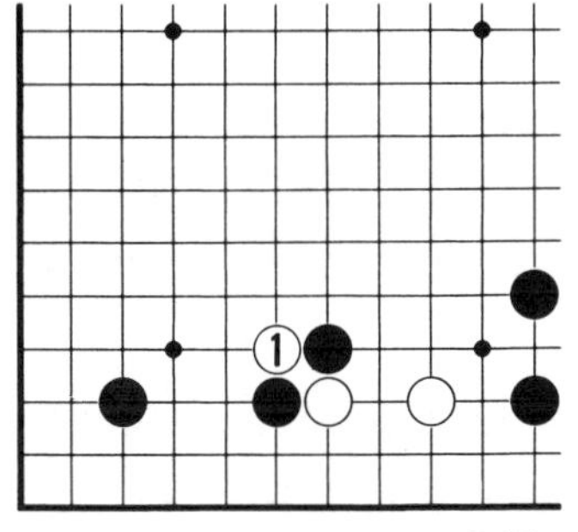
4도

4도 (흑 선)

백①로 맞끊어 왔다. 절충하는 수인데 흑은 어떻게 대처할 것인가 하는 문제. 3도와 같은 형이므로—.

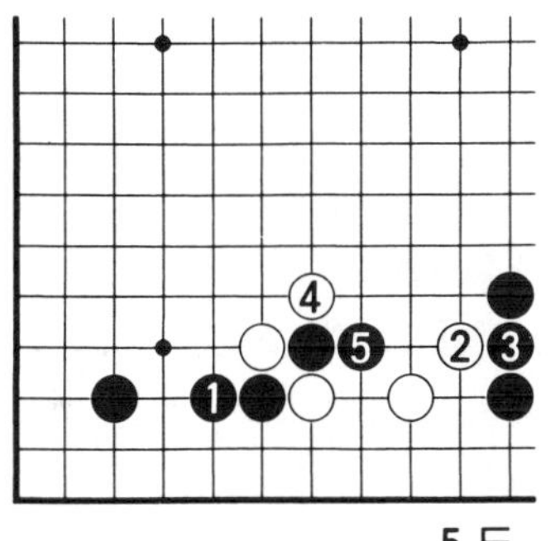
5도

5도 (정 수)

역시 흑❶로 늘어서 연락한다. 더우기 본도는 백②의 엿봄이 성립되므로 흑❸으로 이으면 백④로 단수쳐 온다.

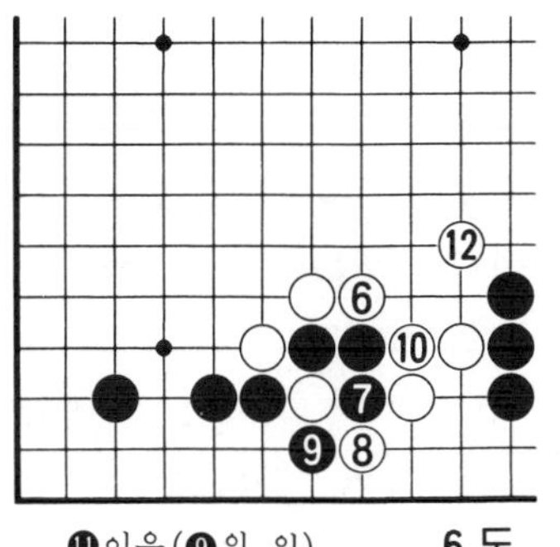
⓫이음(❾의 위) 6도

6도 (계속, 일단락)

백도 ⑥이하 ⑫까지로 당당하게 절충하였지만 흑도 좌우가 굳혀져서 나쁘지 않다. 상황에 따라서는 5도의 흑❸으로 ④에 둘 수도 있다.

〈응용 예 Ⅱ〉

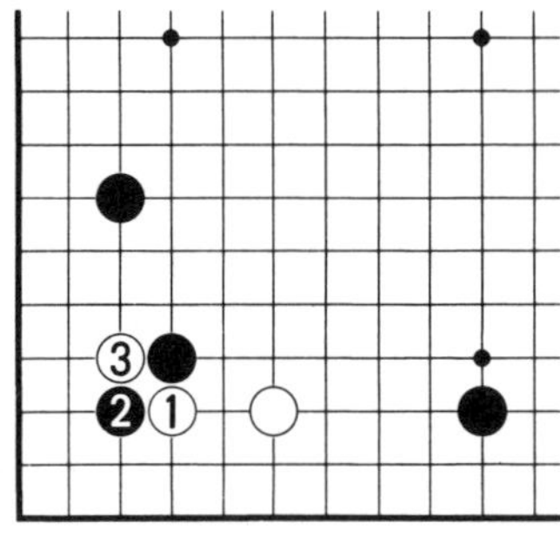
7 도

7 도 (정 석)

"맞끊으면 한쪽을 뻗어라"는 격언을 대표하는 것이 이 정석이다.

백①, ③의 맞끊기에 흑은 어떻게 응수 하겠는가.

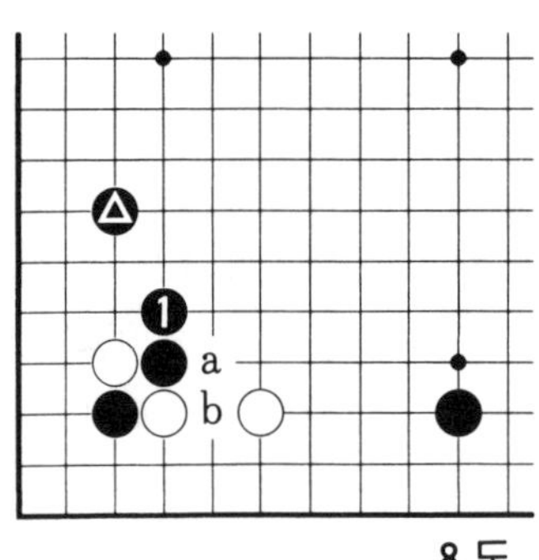

8 도

8 도 (간단 명료)

위의 ▲와 연락하는 방향 즉 흑❶로 뻗는 것이 정수. 이것으로 a에 뻗는 것은 백b로 이어서 불만이다.

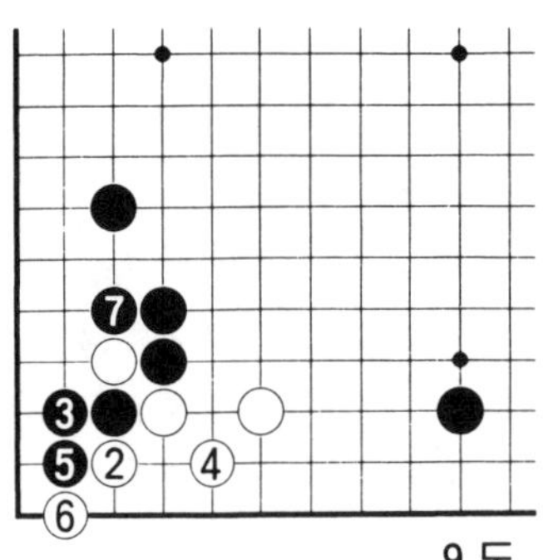
9 도

9 도 (계 속)

8 도에 이어서 백②의 단수에서 흑❼까지의 정석은 대부분의 독자들은 알고 있을 것이다. 도중 흑❺의 구부림을 잊어서는 안 된다.

【 문제도 】

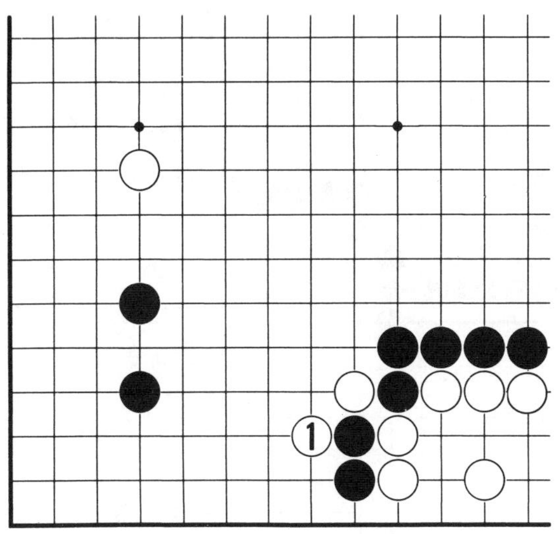

테스트 17

흑 선

백 ①로 젖혀 왔다.
통렬한 수단이다.
흑은 어떻게 대처할 것인가.
수준급의 문제이다.

17. 2선을 기면 진다

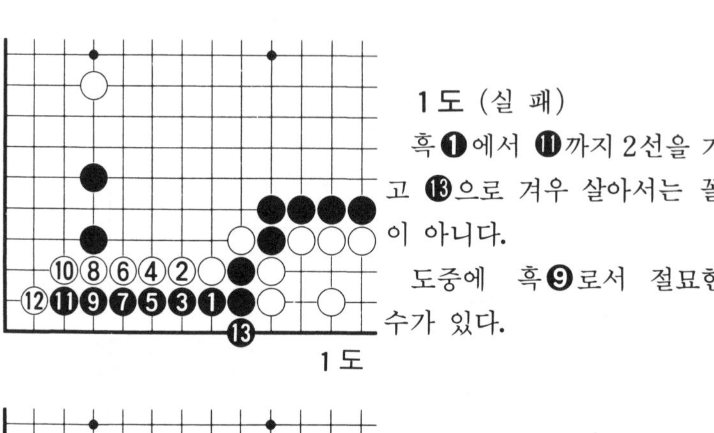

1 도

1 도 (실 패)

흑❶에서 ⓫까지 2선을 기고 ⓭으로 겨우 살아서는 꼴이 아니다.

도중에 흑❾로서 절묘한 수가 있다.

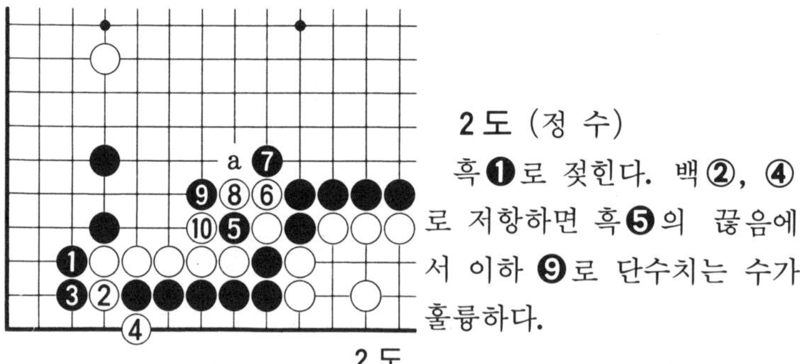

2 도

2 도 (정 수)

흑❶로 젖힌다. 백②, ④로 저항하면 흑❺의 끊음에서 이하 ❾로 단수치는 수가 훌륭하다.

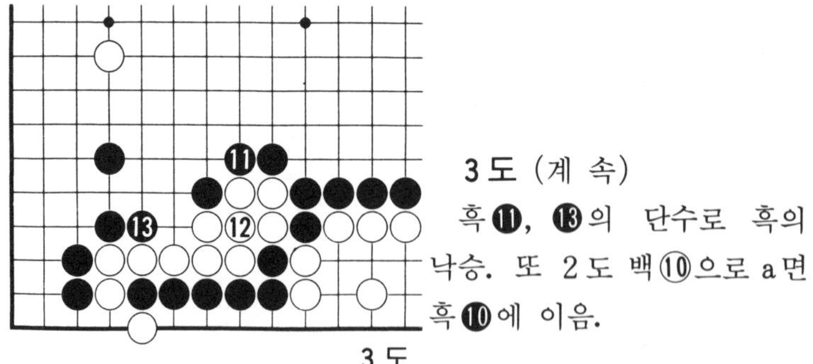

3 도

3 도 (계 속)

흑⓫, ⓭의 단수로 흑의 낙승. 또 2도 백⑩으로 a면 흑❿에 이음.

◖[문제도]◗

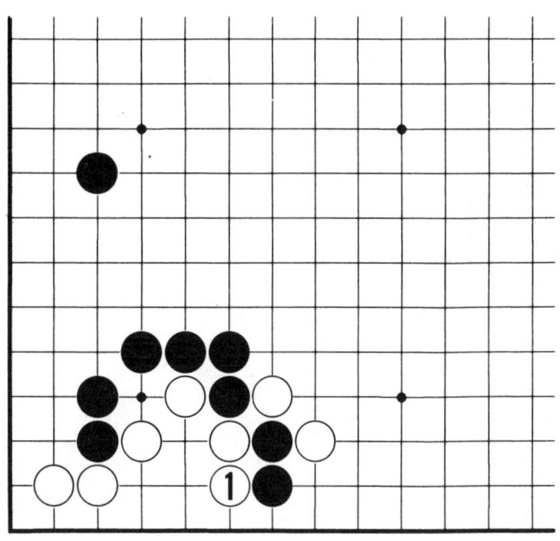

● **응용문제** 흑 선

백이 ①로 막아 왔다.

흑은 아래의 2 점을 어떻게 절충하면 좋겠는가.

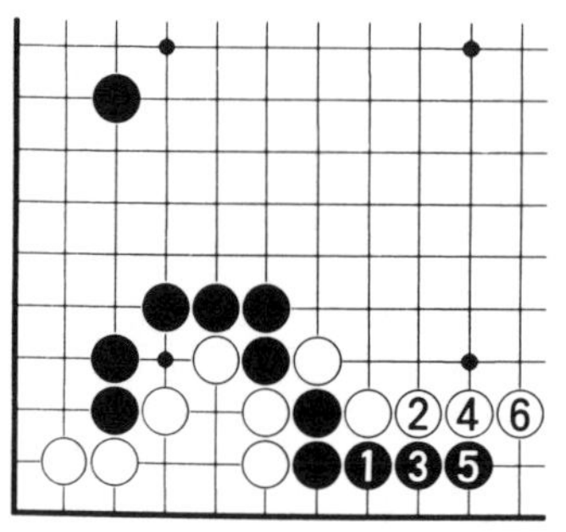

4 도

4 도 (실 패)

흑❶이하 ❺처럼 2선을 기는 것은 좋지 않다. 가령 우측의 관계로 살게 된다 하더라도, 백이 ②이하 ⑥으로 튼튼한 장벽을 쌓게 된다.

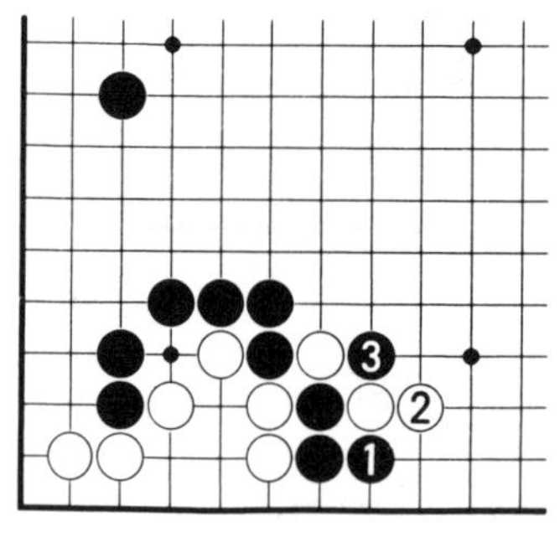

5 도

5 도 (정 해)

흑❶로 한수만 기고 백②를 교환한 다음 흑❸으로 끊어야 한다.

백이 계속하여—

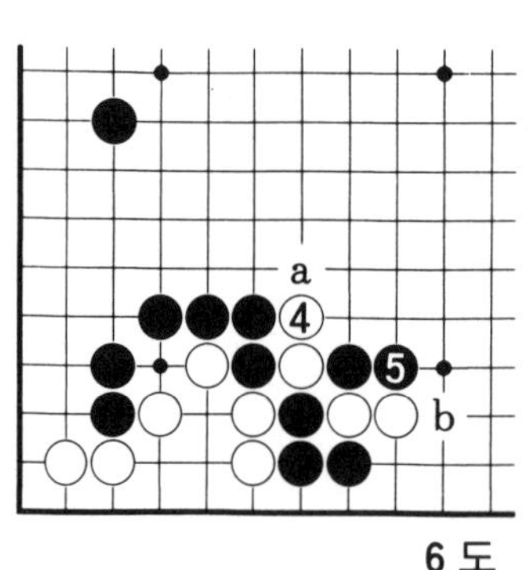

6 도

6 도 (계 속)

백④로 도망치려고 하면 흑❺로 밀어붙이는 것이 훌륭한 수다. 이로서 흑a의 축과, b의 2점을 몰아 잡는 맞보기가 있는 것이다.

2선은 패망선이라고도 한다.

【 문제도 】

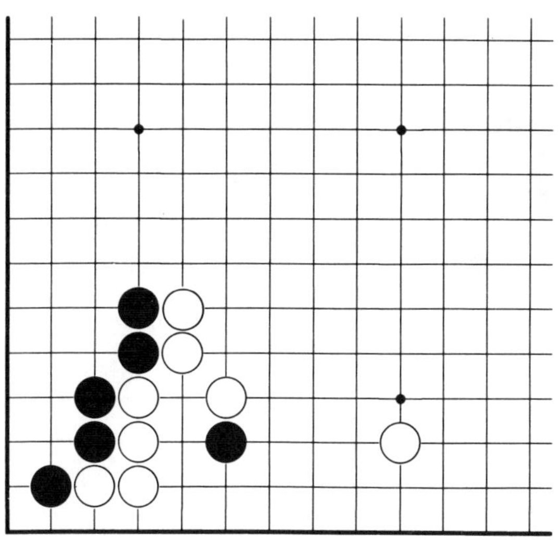

테스트 18

흑 선

흑의 다음 한수를 지적하라.

독자가 흑이라면 젖힐 것인가. 늘릴 것인가.

18. 4선을 늘면 필승

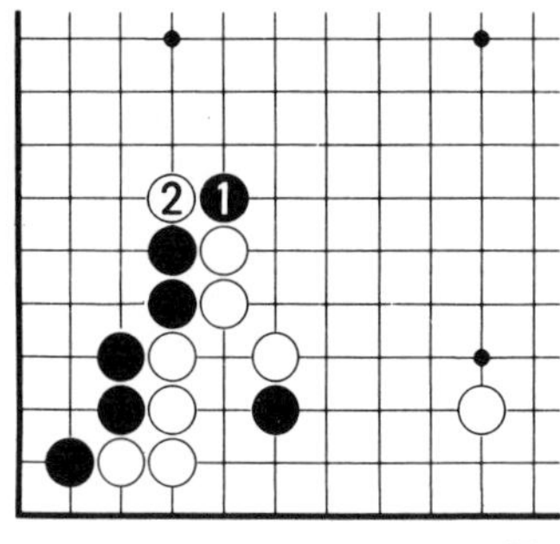
1 도

1 도 (실 패)

흑❶로 젖히는 것은 지나친 용맹. 백②로 끊겨서 여기 저기 분산.

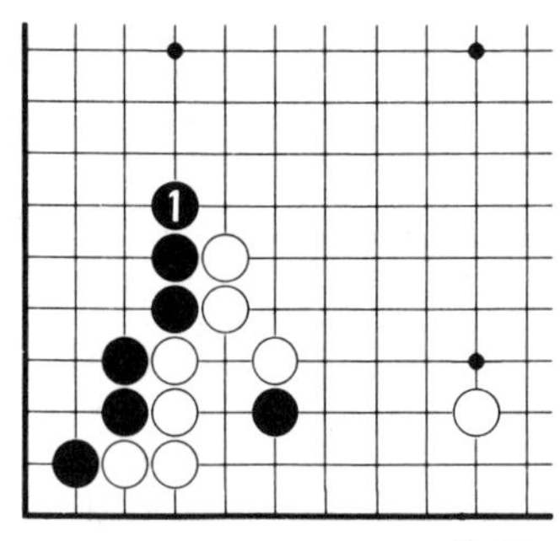
2 도

2 도 (정 해)

흑❶이 4선이므로 실리선, 조용히 늘어서 충분하다. 만일 흑❶을 생략하면—

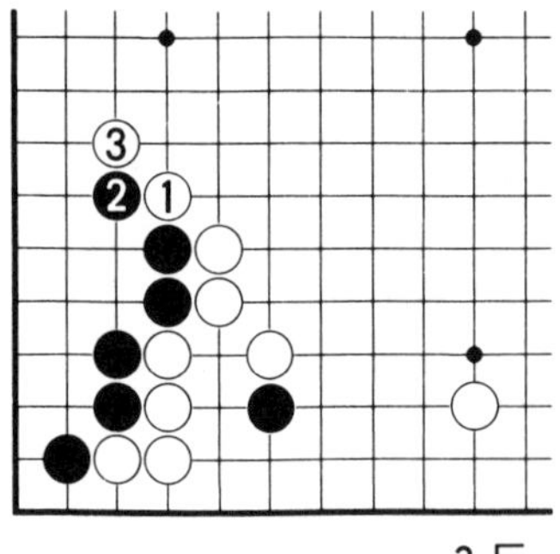
3 도

3 도 (참 고)

백이 ①, ③으로 2단 젖힘을 해오면 이 상황에서는 바둑이 끝장이 나는 것이다.

〈응용 예 I〉

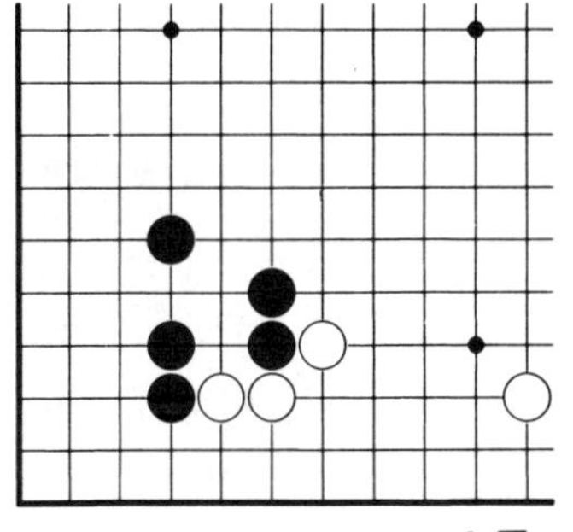

4 도

4 도 (흑 선)

이러한 대치 상태에서는 흑은 어떻게 두는 것이 좋은가 하는 문제를 검토해 보자.

초급자의 바둑을 보면—

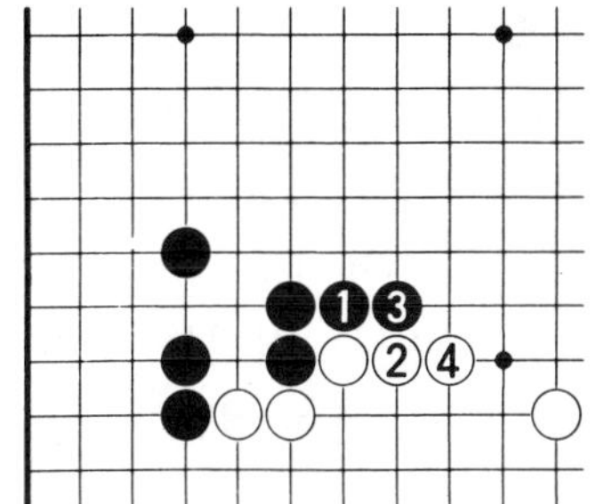

5 도

5 도 (실 패)

흑❶, ❸으로 단조롭게 두어가는 사람들이 의외로 많은데, 백에게 ②, ④로 4 선을 늘려 주는 결과가 되어서 좋지 않다.

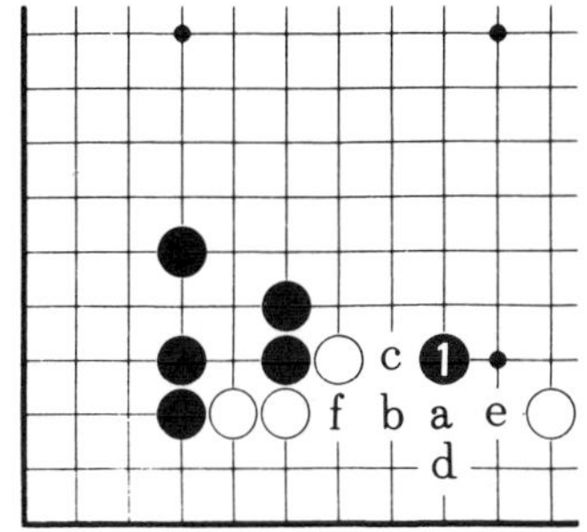

6 도

6 도 (침 입)

이러한 형태에서는 여러 가지의 침입 수가 있는데 흑❶이 그 한 예. 다음에 백a, 흑b, 백c, 흑d, 백e, 흑f로 끊어서 백 2 점을 분단한다.

〈응용 예Ⅱ〉

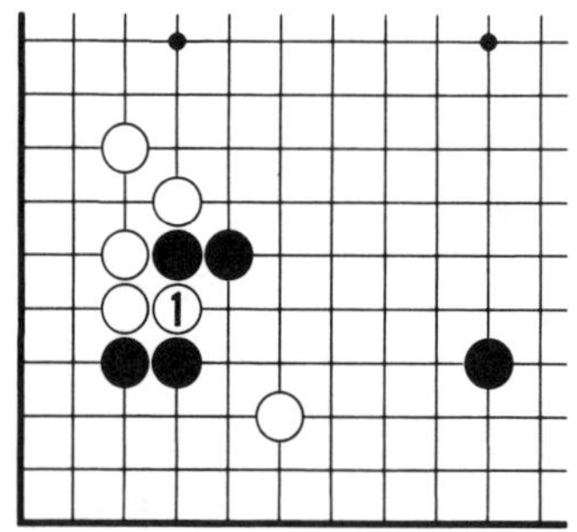

7 도

7 도 (흑 선)

백이 ①로 나왔다고 하자.

흑도 여기에서 어떻게 응수할 것인가 하는 문제이다.

8 도 (실 패)

흑❷는 얼른 보아서 강한 저항으로 보이지만 무모한 점. 백③으로 끊기면 귀의 흑은 a로(이 형태에서는 흑a가 사활의 요점이다) 살기는 하지만 위의 흑3점이 허공에 뜬다.

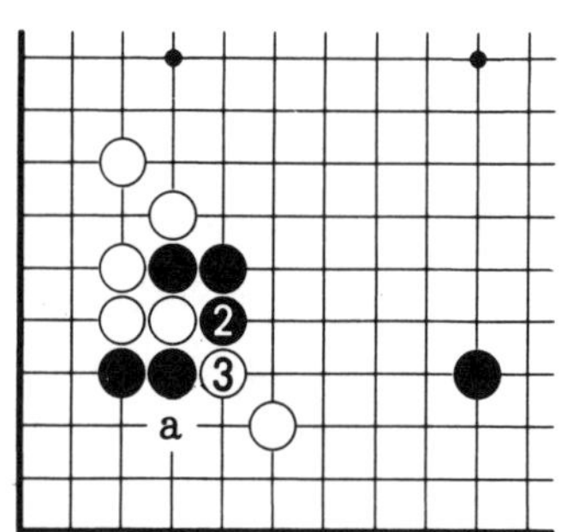

8 도

9 도 (정 해)

흑❶로 늦추어 위의 2점을 방치하고 ❺까지로 충분하다. ❺를 a면 좋지 않다.

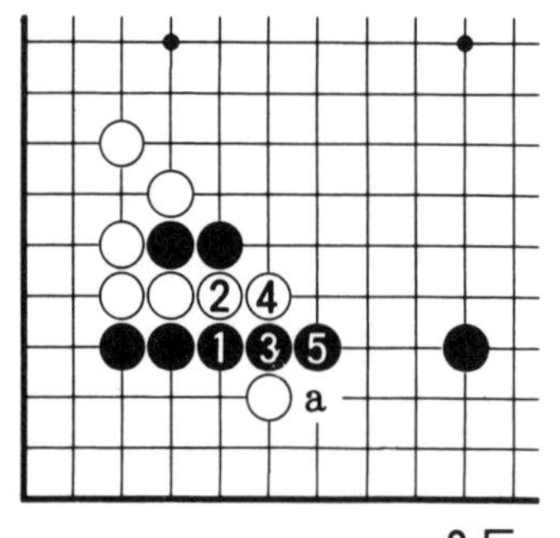

9 도

【 문제도 】

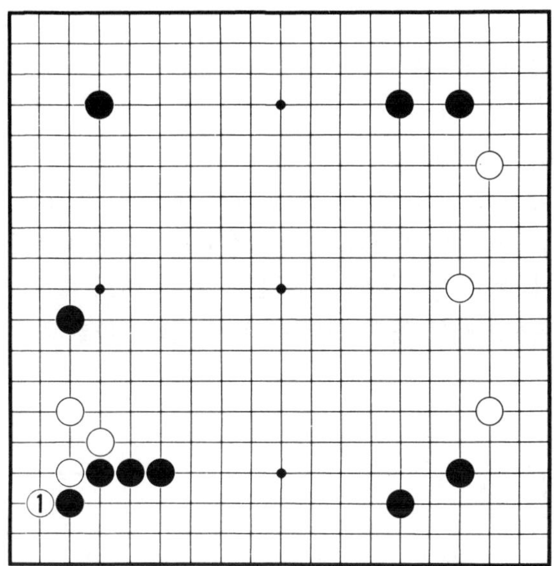

테스트 19

흑　선

백이 강하게 ①로 2단젖힘해 왔다.

흑은 이에 대하여 어떻게 싸울 것인가.

19. 초반에 패 없다

"초반에 패 없다"는 격언은 바둑을 둔지 얼마 안 되는 단계인 초반에는 패를 걸어도 패감이 없다는 말이다.

1도 (정 해)

이 바둑도 포석 초기이므로 패를 두려워 하지 말고 흑❶로 끊는 한수 뿐이다. 만일 백②로 패로 받으면 흑❸으로 따 내고 백이 어느 곳에든 패감을 써도 불청하고 패를 이어서, 패를 해소 하라고 이 격언은 가르쳐 주고 있다.

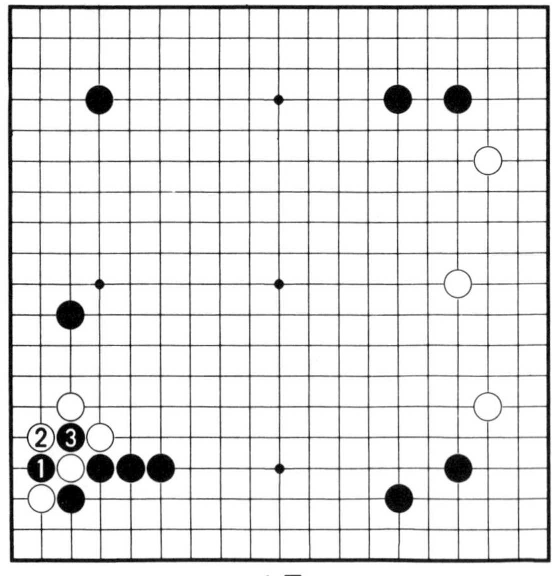

1도

【 문제도 】

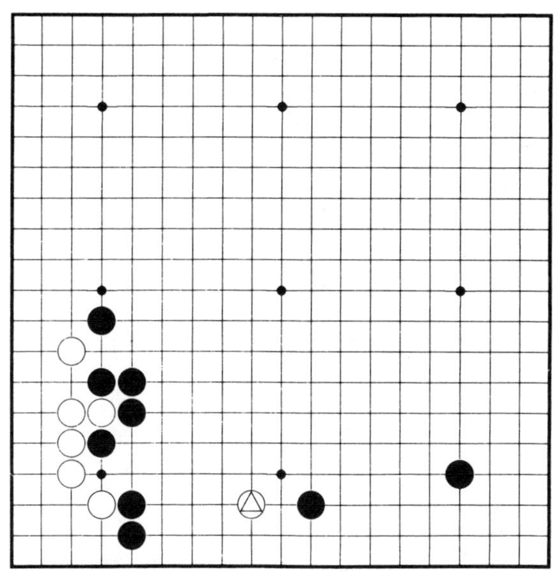

테스트 20

흑 선

백 △의 침입은 다소 깊은 감이 있다.

흑은 어떻게 공격할 것인가.

20. 공격은 모자 · 일자로

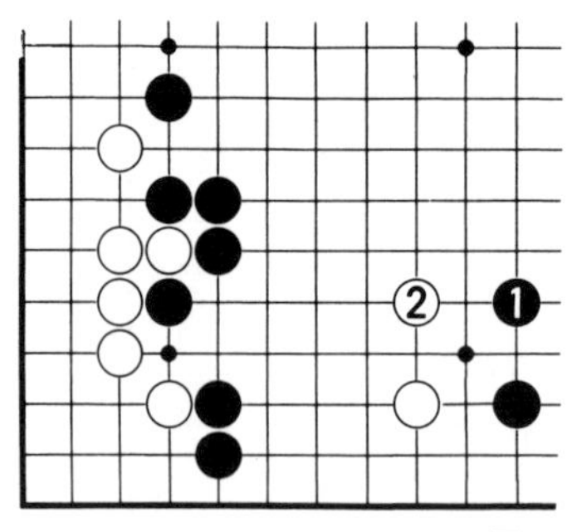

1 도

1 도 (불충분)

흑❶로 뛰어서는 백②로 도망쳐서 좀처럼 잡을 수가 없다.

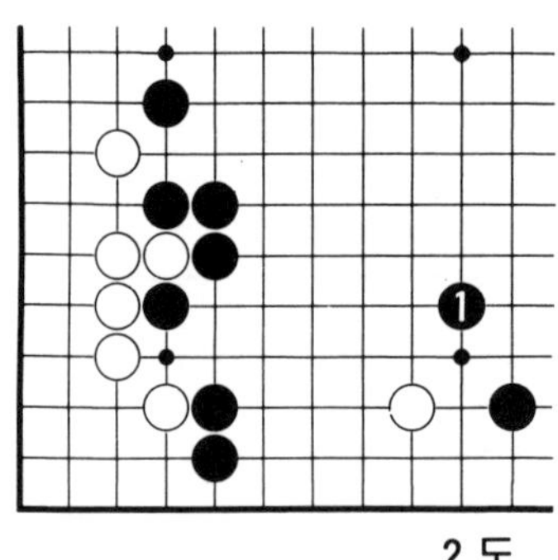

2 도

2 도 (정 해)

"공격은 일자"의 격언대로 흑❶ 일자로 공격하는 것이 준엄하다.

3 도

3 도 (계 속)

백②면 흑 ❸, ❺, ❼의 요령. 백②는 백a, 흑❸ 백b를 엿보고 있다.

〈응용 예 Ⅰ〉

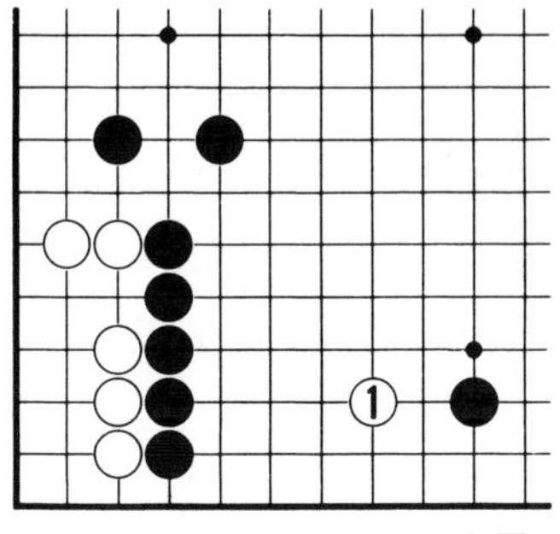

4 도

4 도 (흑 선)

이처럼 강한 흑의 세력권에 백①로 침입한 것은 한마디로 무리.

당연히 흑의 준엄한 공격이 있다.

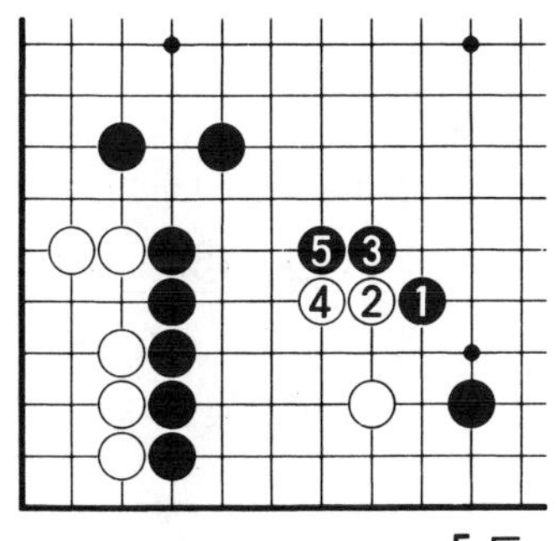

5 도

5 도 (정 해)

"공격은 일자로"의 격언대로 흑❶로 씌운다. 백②, ④로 탈출을 시도해도 흑❸, ❺로 덮어 눌러서 백 전부가 몰살이다.

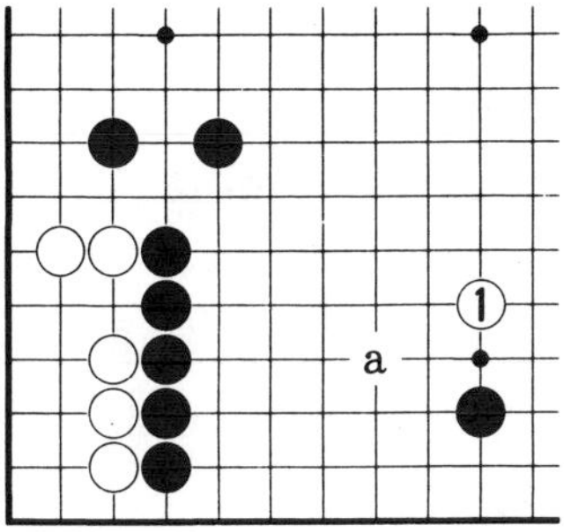

6 도

6 도 (참 고)

세력권에 뛰어들어 교란하는 것보다는 삭감작전이 현명한 것이다. 그 일례가 백①의 모자.

흑으로서는 a에 두기도 어려운 곳.

〈응용 예Ⅱ〉

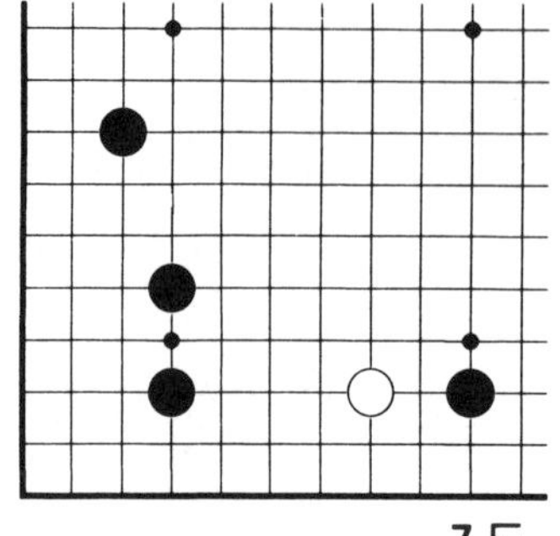
7도

7도 (흑 선)

앞의 예와는 왼쪽 형태가 다소 다르지만 일자 공격에는 같은 것이다.

역시—

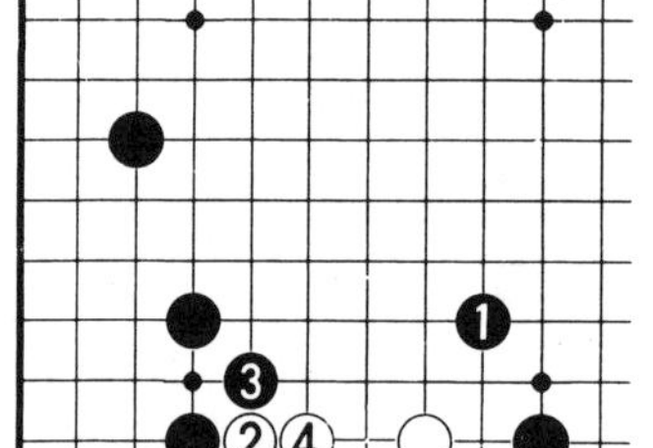
8도

8도 (정 해)

흑❶ 일자로 공격한다. 백②, ④에 흑❸, ❺는 일종의 형. 흑으로서는 ❸, ❺로 귀를 굳힌 것만으로도 만족한데 더욱이—

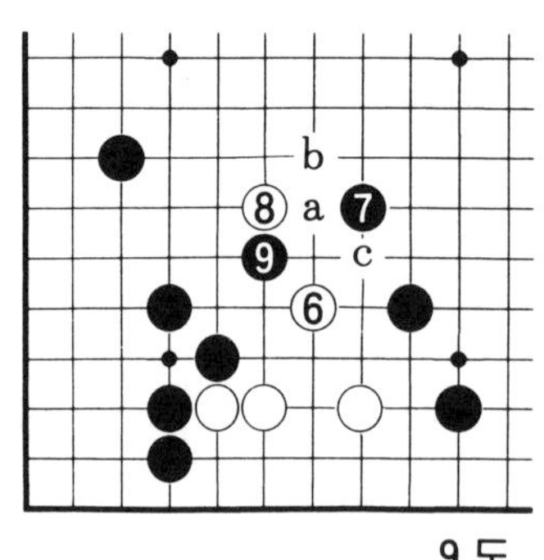

9도

9도 (계 속)

백⑥에도 흑❼로 일자로 씌워간다. 백도 ⑧로 일자면 흑❾로 분단한다. 백⑧로 a면 흑b, 백⑧, 흑c로 만족하다.

◖[문제도]◗

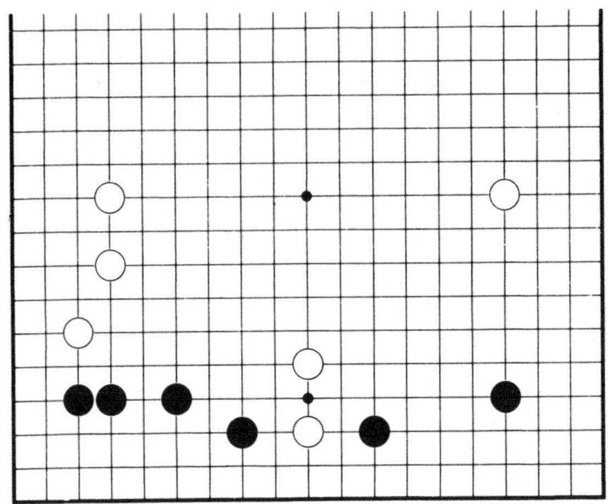

● 응용 문제　　　흑　선

이것은 어떤 실전에서 나온 국면의 일부분을 제시한 것이다.

흑은 아래의 백 2점을 어떻게 공격할 것인가.

10도 (정 해)

이런 국면에서는 흑❶의 모자로 공격하는 것이 준엄하다.

만일 백②로 도망치면 흑❸으로 귀쪽을 굳힌다. 백이 ④로 계속 도망치면 흑도 리듬을 타고 ❺로 뛰어서 계속 백을 공격한다. 흑으로서는 a, b의 들여다 보는 재미도 있고, 백으로서는 괴로운 행각이다.

만일 백②로 c에 흑의 강한 쪽으로 도망쳐 나가면 흑은 ②자리에 뛰어 우측의 모양을 굳히는 것이 좋다.

특히 백이 위쪽에 모양을 형성하고자 할 경우에는 흑의 ❶, ❺는 공격하면서 중앙의 백 모양을 삭감하는 일석이조의 활동을 하게 되는 것이다.

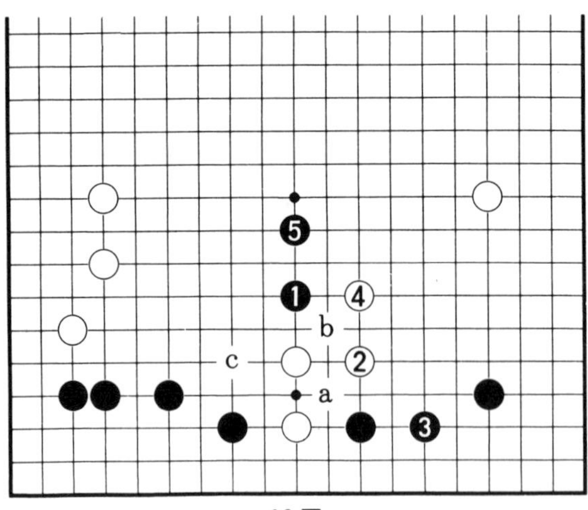

10도

◖[문제도]◗

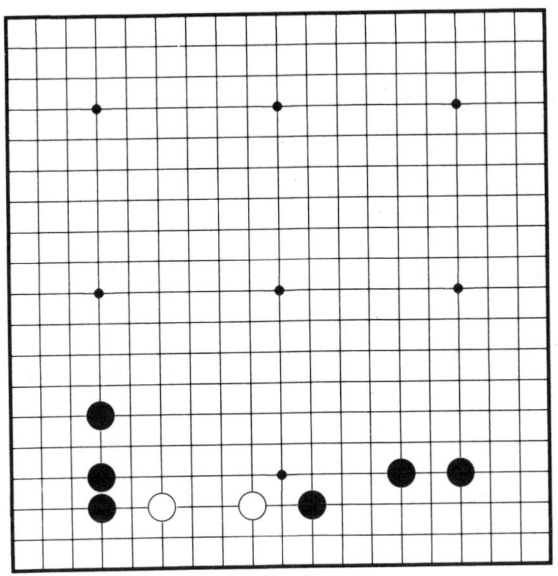

● 응용 문제 흑 선

접바둑 등에서 백이 이런 상태로 손을 빼는 것을 많이 볼 수 있다.

흑이 어떻게 공격하는 것이 좋겠는가.

11도 (정 해)

좌우의 흑이 견고한 국면에서는 모자로 공격하는 것이 유력하다.

이 백 2점에 대하여도 흑❶의 모자로 공격한다. 백②로 모행마하면 흑❸으로 걸쳐 이하 흑⓫까지의 요령으로 몰아붙인다. 이처럼 공격하면서 중앙에 세력을 쌓고 아래의 흑집을 굳히는 효과를 유감없이 발휘하고 있다.

흑이 우측에 크게 모양을 형성하고자 할 때에는 흑❶의 모자보다는 흑a로 일자 공격이 효과적이다. 다음에 백b로 탈출, 흑c로 뛰어 공격, 백d, 흑e로 좌변을 확장한다. 또 흑f, 백g, 흑h의 노림수도 보고 있다. "공격하면서 집차지"의 격언의 일례이기도 하다.

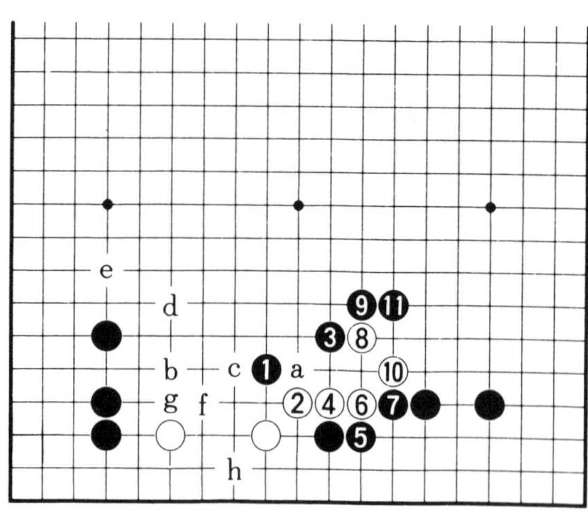

11도

[문제도]

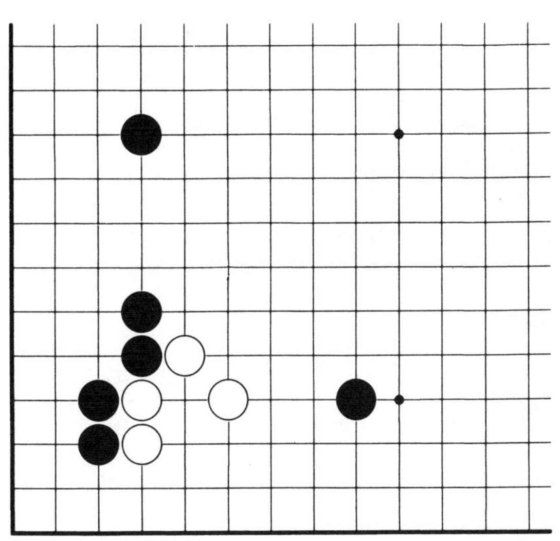

테스트 21

흑 선

흑으로서는 백을 공격하면서 왼쪽의 흑집을 굳히고 싶은 곳.

어디서 어떻게 공격할 것인가.

21. 공격하면서 집 차지

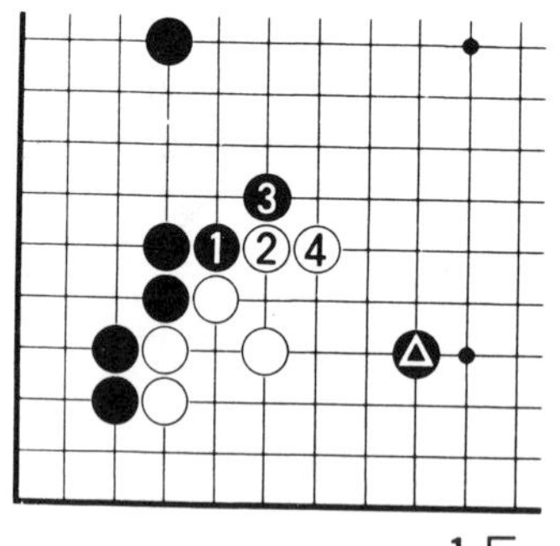
1 도

1 도 (의 문)

흑❶부터 두는 것은 위의 모양을 부풀게 할 때에만 두는 수. ▲의 1 점이 약화되기 때문.

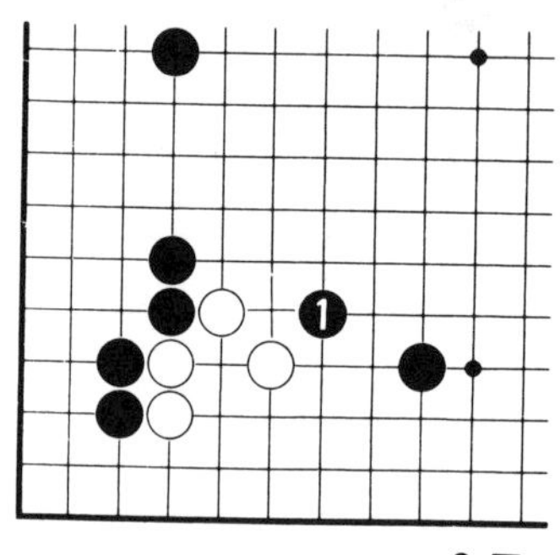
2 도

2 도 (정 해)

흑❶이 공격의 급소. 계속하여서—

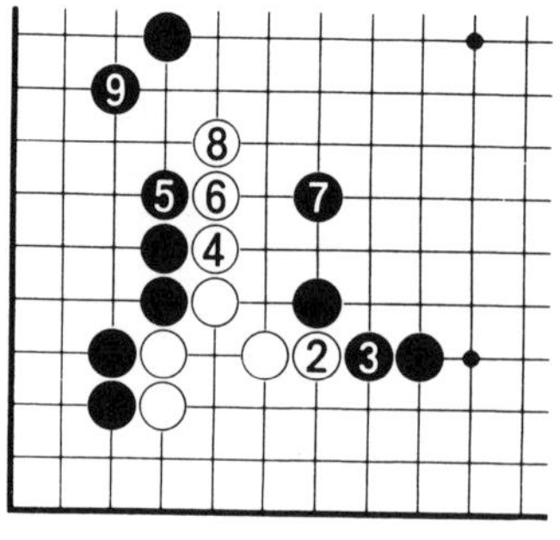
3 도

3 도 (흑 집을 확보)

백②이하 ⑧까지로 탈출을 기도하면,

흑은 ❺에서 ❾까지로 좌변에 집을 굳히는 것이다. 이것이 "공격하면서 집차지"다.

【 문제도 】

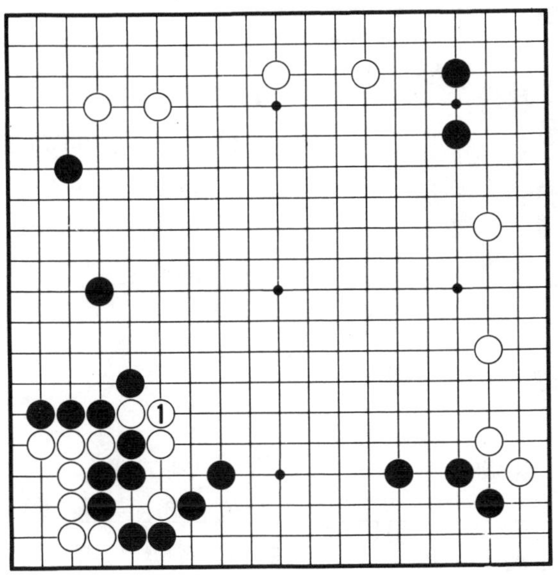

● 응용 문제　　　　흑 선

백이①로 잇고 저항한 곳.

이와 같은 형에서는 흑이 어떻게 둘 것인가.

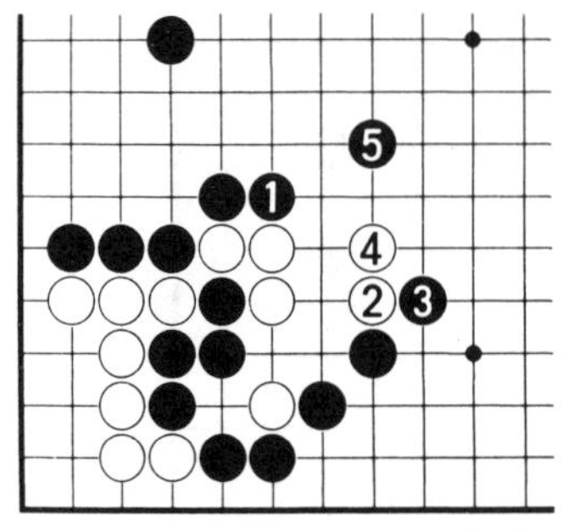

4 도

4 도 (정해 1)

흑❶로 민다. 백②로 무겁게 탈출을 기도하지만 흑❺가 공격의 제 2 탄. 백은 도망치기에 바쁘다.

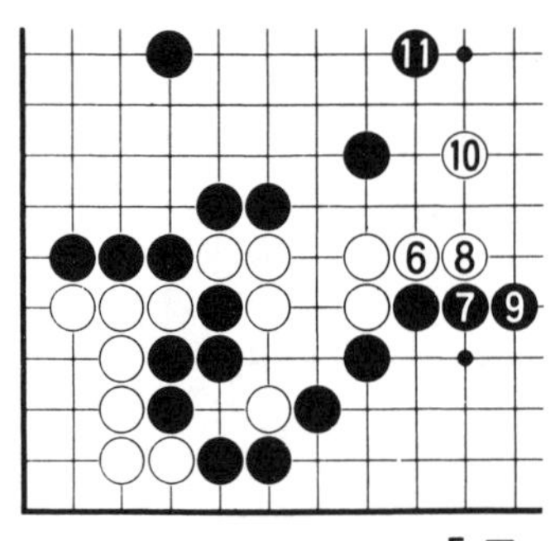

5 도

5 도 (계 속)

백⑥, ⑧, 흑❼, ❾에 백⑩에는 흑⓫로 흑은 좌변과 하변에 땅을 크게 형성하면서 백을 공격한다.

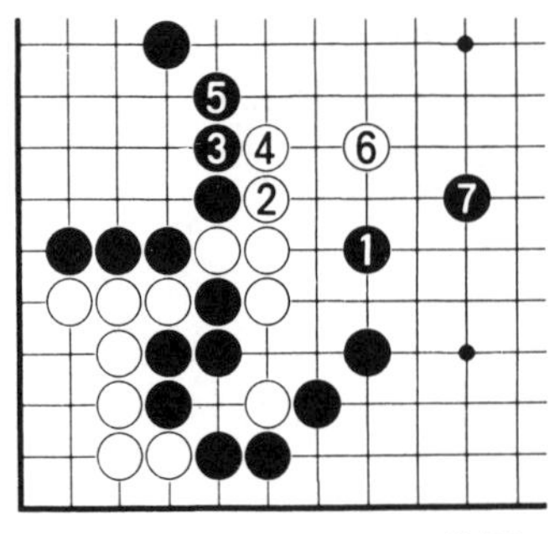

6 도

6 도 (정해 2)

흑❶로 우측에서 공격할 수도 있다. 백⑥에 흑❼로 우측의 모양을 확장하면서 백의 일단을 계속 공격한다.

【 문제도 】

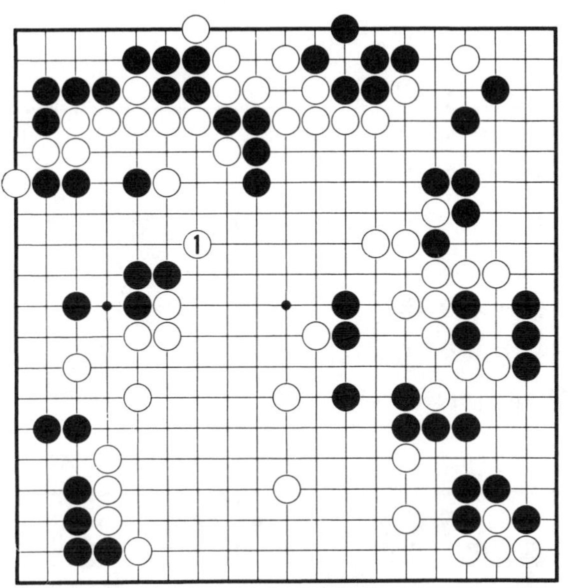

테스트 22

흑 선

이것은 어떤 실전에서 예시하는 것이다.

백이 이제 ①로 뛰어 나온 곳이다.

흑은 어떻게 둘 것인가.

22. 공격은 양 마를 쫓아라

1도 (정 해)

상대방의 돌을 일방적으로 공격하여서는 잡기 어려운 것. 훌륭한 공격법은 둘 또는 그 이상의 말을 양면 작전으로 공격하는 것이다.

흑❶이 바로 삼면 작전이다. 상변, 우변, 좌변의 3대마를 이 한점으로 얽어서 준엄하게 공격하여 백으로서는 대책이 없어서 흑❶을 본 백은 돌을 던졌다.

이 바둑은 大竹 9단 집흑으로 杉内 9단과의 실전보로서 흑❶의 위력을 음미해 보라.

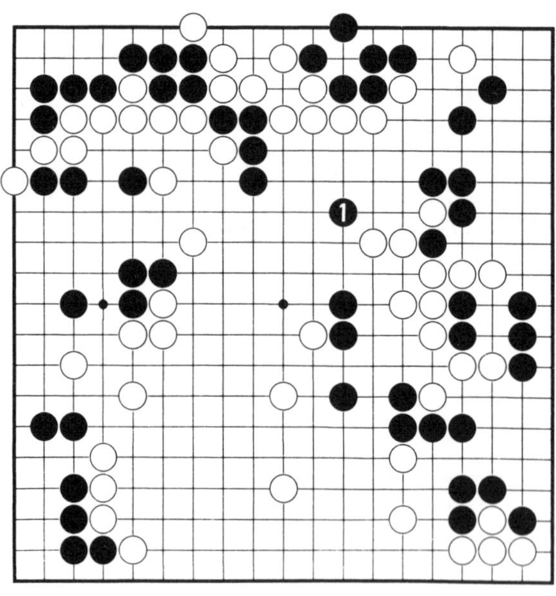

1도

〈응용 예 I〉

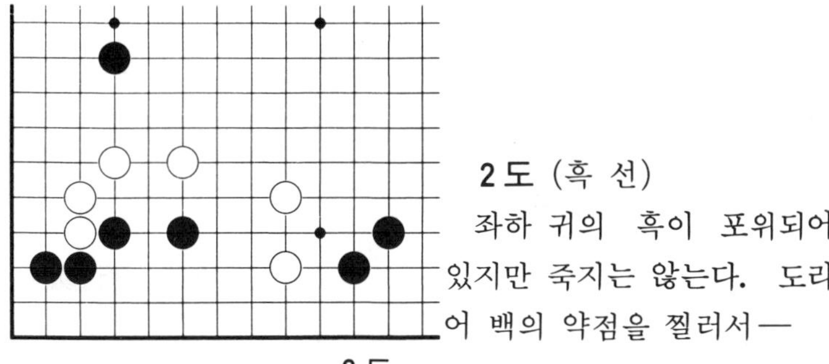

2 도 (흑 선)

좌하 귀의 흑이 포위되어 있지만 죽지는 않는다. 도리어 백의 약점을 찔러서—

2 도

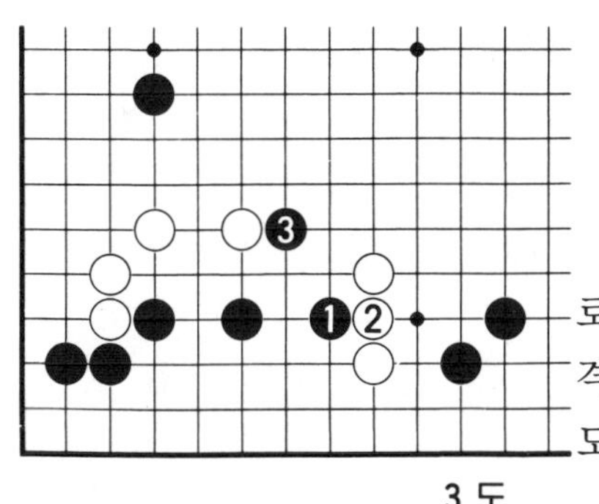

3 도 (정 해)

흑❶로 들여다 보고 ❸으로 백을 좌우로 분단하고 공격하는 것이 준엄하다. 이것도 일종의 "양마 쫓기"다.

3 도

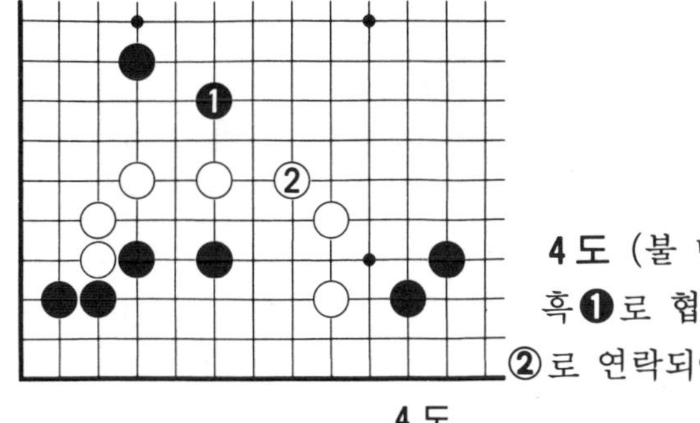

4 도 (불 만)

흑❶로 협공하는 것은 백②로 연락되어 불만.

4 도

〈응용 예 Ⅱ〉

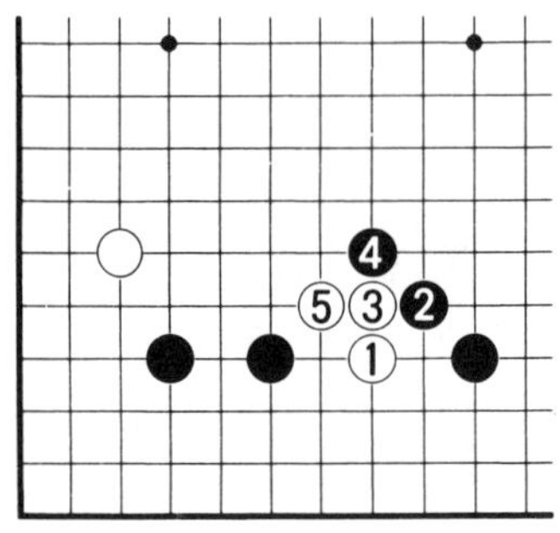
5 도

5 도 (흑 선)

이것은 "양마 쫓기"의 기본형으로 책에도 많이 인용되는 수.

흑❷, ❹로 공격, 백⑤로 구부렸을 때—

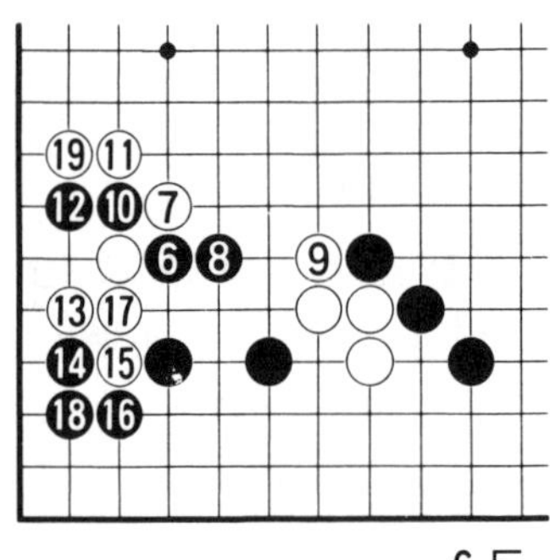
6 도

6 도 (정 해)

흑❻으로 붙여서 양마를 공격하는 훌륭한 방법. 흑❿, ⓬는 "2 점으로 키워 버리는" 수.

⓮, ⓲로 우선 귀를 굳힌다.

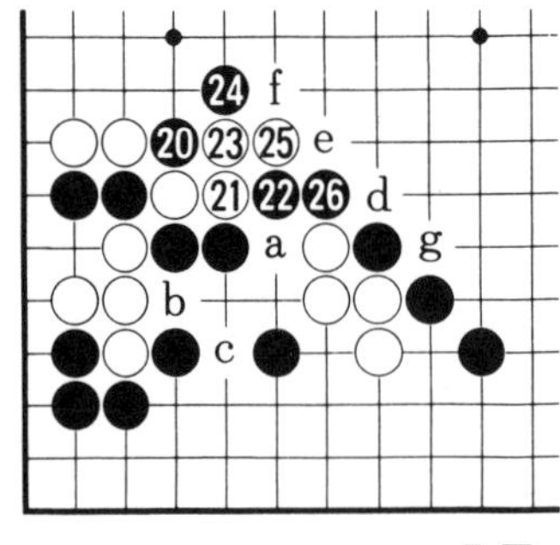
7 도

7 도 (봉쇄 성공)

계속하여 흑⓴으로 백을 끌어내서 흑㉒ 이하 ㉖으로 편승하여 봉쇄. 백a에는 흑b (생략하면 백c), 백d, 흑e, 백f, 흑g로 된다.

【 문제도 】

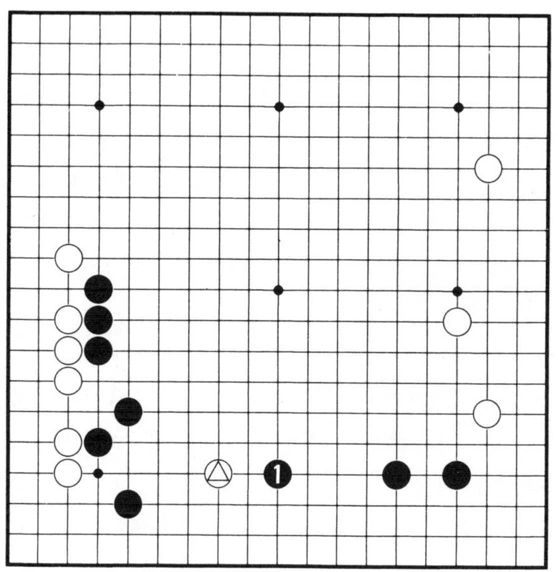

테스트 23

백 선

흑❶의 협공에 백은 Ⓐ의 1점이 탈출하고 싶은 곳.

독자는 어떻게 탈출할 것인가.

23. 탈출은 마늘모 · 한칸 뜀으로

1도 (정 해)

보통 "탈출은 한칸 뜀"이라고 하지만 마늘모가 더 좋을 때도 있다.

여기에서는 조금이라도 빨리 중앙에 나가야 하므로 백①로 한칸 뛰는 것이 좋을 것이다.

흑❷의 추격에도 백③으로 한칸 뛰는 것이다.

흑❹이하 흑❿까지는 일종의 공격법이지만 백⑤, ⑦로 버티고 집차지하면서 ⑨, ⑪로 붙여 늘려 탈출하는 것이 상용 수단이다.

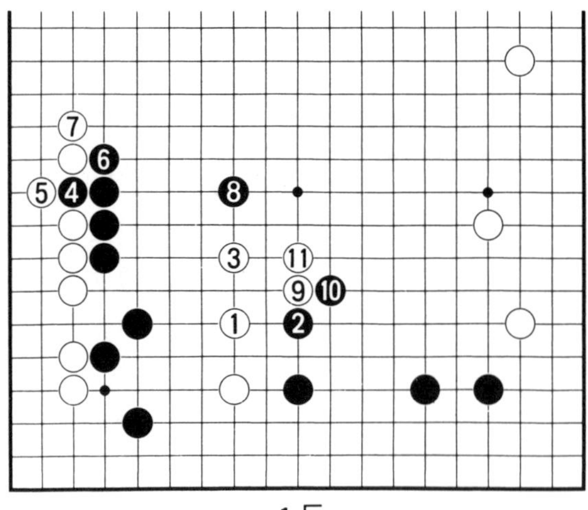

1도

◖[문제도]◗

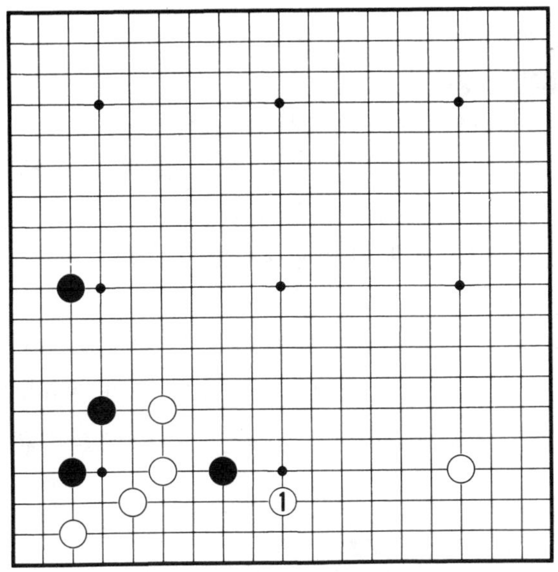

●응용 문제　　　흑 선

백①로 흑을 협공해 왔다.

이런 경우에 흑은 어떻게 응수하고 어떻게 탈출하는 것이 좋은가.

2도 (정 해)

흑❶의 모행마가 정수. 이것으로 a에 한칸 뛰는 것은 백b로 붙여 넘는 수가 있어서 재미없다.

백도 ②로 응수 할 정도이다. (백이 ②를 생략하면 흑c의 걸침이 준엄하다.)

백②에 흑❸ 한칸 뛰어 탈출한다.

요컨대 탈주는 발 빠를수록 좋지만, 두칸 뛰면 끊길 염려가 있다. 그러므로 한칸을 많이 두는 것이다. 그러나 한칸에도 끼어 드는 불안이라던가 2도와 같이 상대방이 붙여 넘는 수가 있을 경우에는 흑은 마늘모가 정수인 것이다.

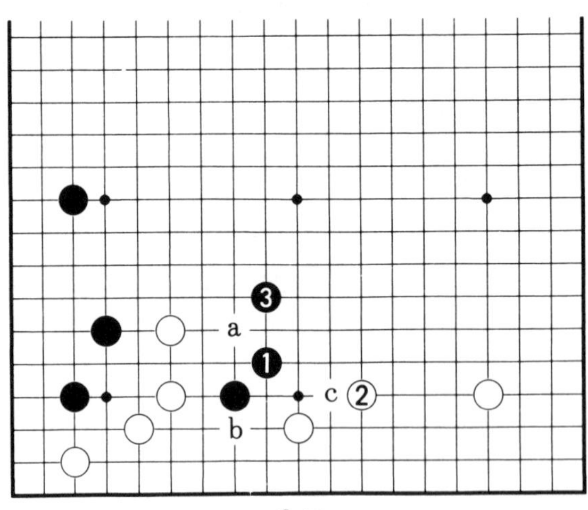

2도

◐[문제도]◑

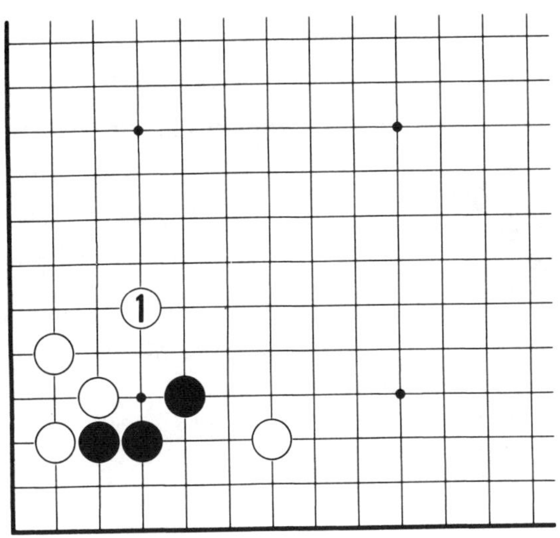

●응용 문제　　　흑 선

백①로 포위하려고 한다.

흑은 일대 위기다. 어떻게 탈주할 것인가.

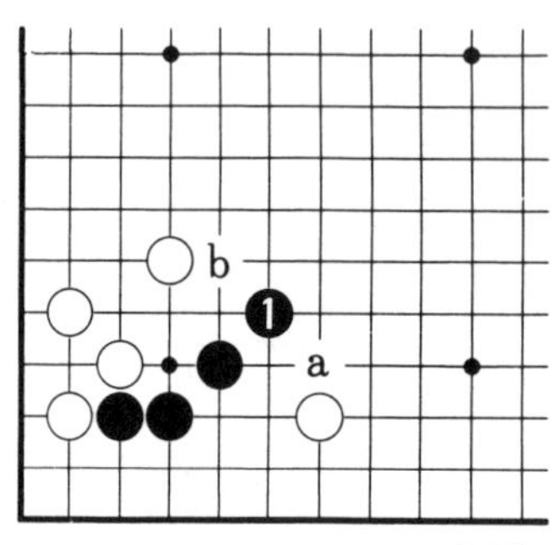

3 도

3 도 (정 해)

흑❶의 모행마가 가장 일반적이다. 상황에 따라서는 이 ❶로 a 또는 b에 붙이는 것이 좋을 때도 있다.

상대방의 돌에 붙일 때는 상대의 돌을 굳혀 주어도 좋을 때에 한해서 붙인다.

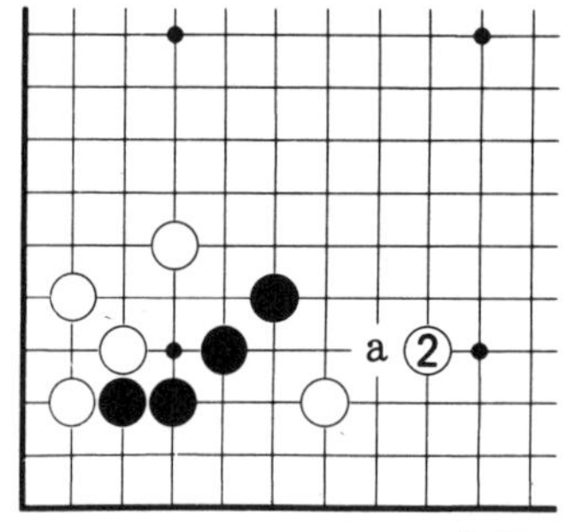

4 도

4 도 (계 속)

백②를 생략하면 흑a의 걸침이 준엄하게 된다. 흑도 약한 돌을 방치할 수는 없다.

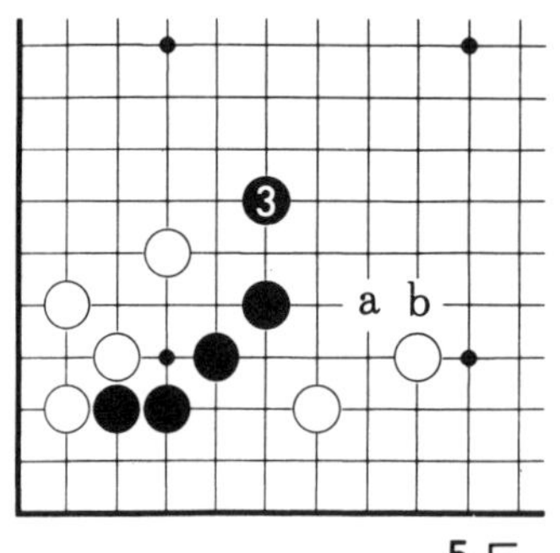

5 도

5 도 (계 속)

흑❸으로 뛸 정도.

흑❸으로 a쪽에 뛰는 것은 백b를 자초하게 되던가, ❸자리에 백이 모양을 펼 염려가 있다.

[문제도]

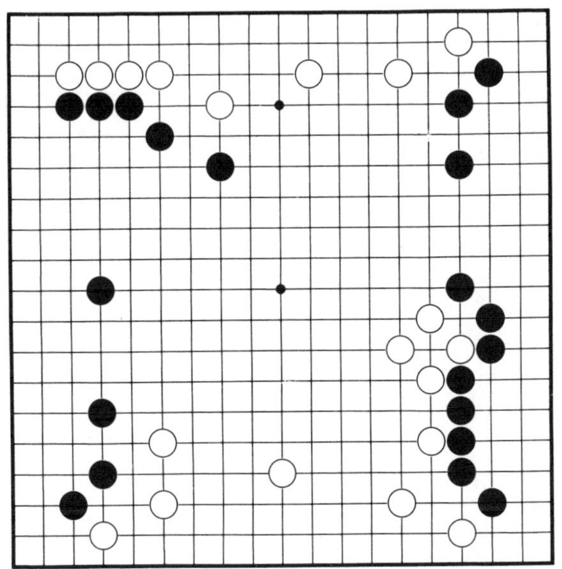

테스트24

흑 선

국면 전체를 관찰하라.
쌍방의 구분은 명확해졌다.
흑의 다음의 한수는—

24. 양보해선 안 될 세력의 쟁점

1도 (정 해)

흑❶이 쌍방의 요소인 것을 알 수 있겠는가.

백②로 받으면 흑❸으로 모양을 넓히게 된다. 이보다 더 큰 곳이 없으므로 정수가 되는 것이다.

이러한 전면적인 포인트를 제일감으로 감지하게 된다면 그 기량이 유단자의 영역에 달했다고 할 것이다.

흑❶로 필승의 태세. ❶, ❸의 자리는 백의 요소이기도 하다.

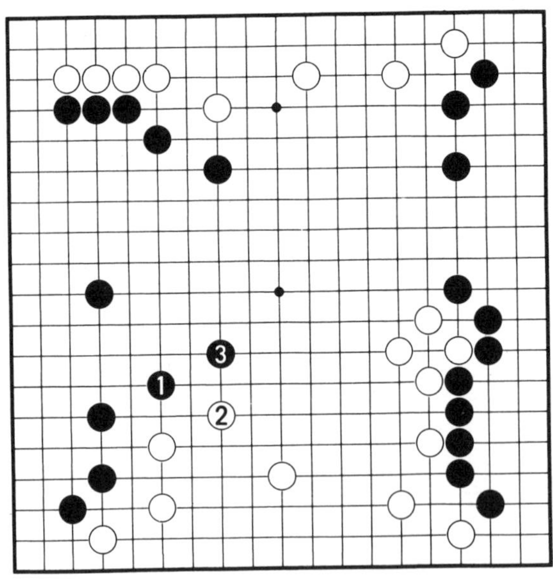

1도

【 문제도 】

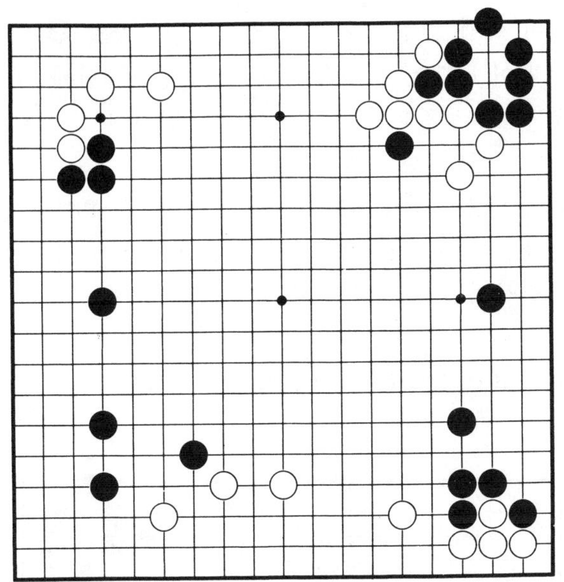

●응용 문제　　　흑　선

"양보 해선 안 될 세력의 쟁점."

바로 그러한 국면이다.

쟁점은 어디일까.

2도 (정 해)

흑❶이 흑백 쌍방의 세력의 쟁점이다. 만일 ❶을 a에 둔다면 백이 b에 뛰어 상변의 백 모양은 대단해 지고 c의 침입 수도 성립된다. 흑의 모양은 일거에 소멸될 것이다.

백②로 받으면 ❸, ❺로 밀어 붙여 백을 압박하고 흑 모양은 대단히 넓혀진 것이다. 다시 흑이 a에 선착할 수 있다면 금상첨화지만 백도 거기까지는 허용하지 않을 것이다.

또 흑은 d로 젖히는 뒷맛도 남기고 있다.

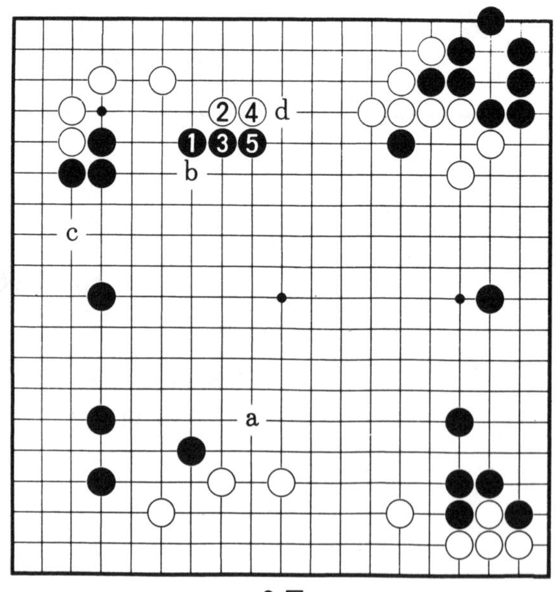

2도

【 문제도 】

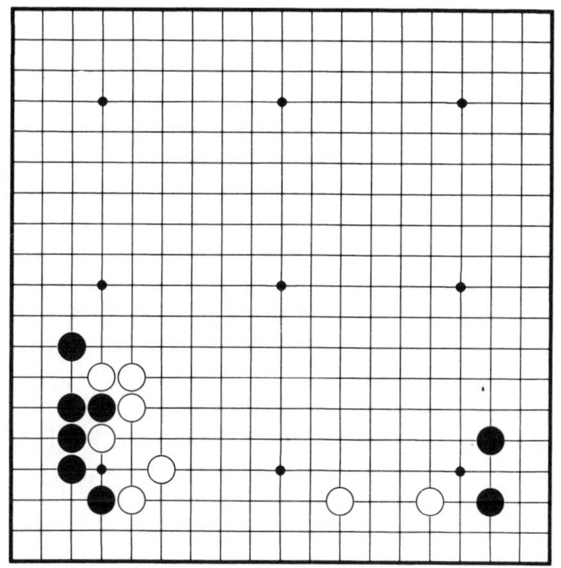

테스트25

흑 선

하변의 백 모양에 대하여 흑은 어떻게 임하는 것이 현명할까.

너무 깊이 들어가는 것은 금물이다.

25. 모양의 삭감은 어깨짚기부터

1도 (정 해)

흑❶로 어깨를 짚는 것이 정수. 백도 ②로 응수하고 ④의 일자까지 일종의 형이다.

흑❺는 경우에 따라서 a에 두기도 하지만 여기에서는 백이 b로 모자를 씌워올 염려가 있어서 ❺가 좋을 것이다. 계속해서 백이 b에 뛰면 흑도 c로 뛰어서 안전하게 해 놓는다.

또 흑❶의 어깨짚기를 d 등으로 깊이 들어 가는 것은 백e의 일자 공격을 받아서 일시에 고통을 받게 된다.

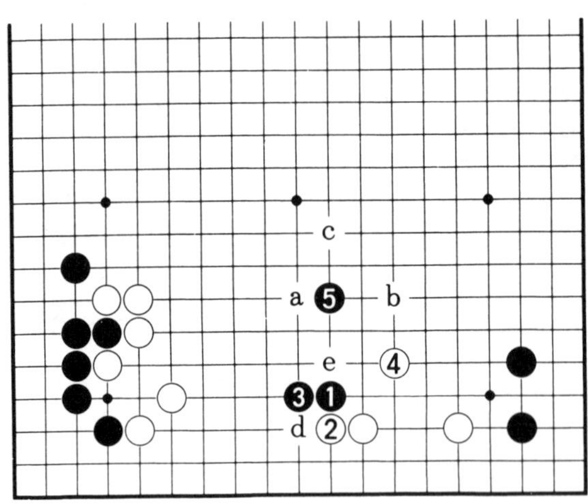

1도

◐[문제도]◑

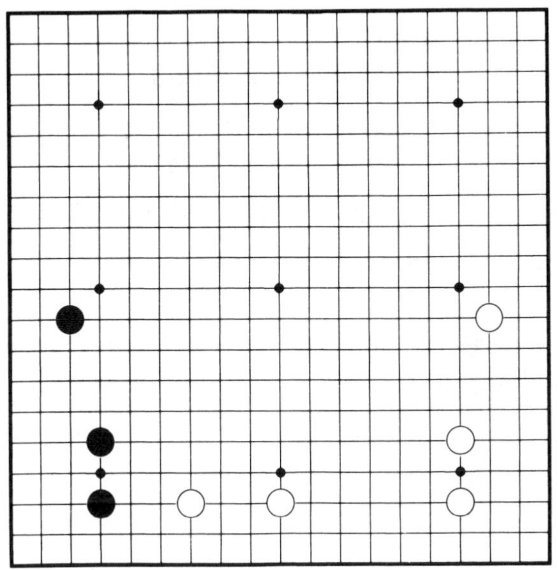

●응용 문제　　　　흑　선

1도의 문제와 거의 비슷하다.

흑으로서는 깊이 들어가는 것은 금물이다.

이러한 국면에서는 한눈으로 어깨짚기는 흑❶임을 알아야 한다.

흑❶은 삭감의 상식. 백의 응수로는 ②로 한점 밀고 ④로 일자 달리기도 하나의 형이다.

또 우측의 백이 굳혀져도 괜찮을 상황이면 흑이 a에 침입, 백b, 흑c, 백d, 흑e, 백f를 교환하고 흑g에 자세를 갖추는 수도 있다. 이때에도 흑❶로 어깨를 짚을 수도 있다.

어깨짚기부터 하느냐 자세를 갖추느냐는 것은 상황에 따라야 할 것이며 무엇이나 어깨를 짚는다는 것은 위험. 다만 어깨짚기는 모양을 삭감하는 데는 비교적 간명하다는 것이다.

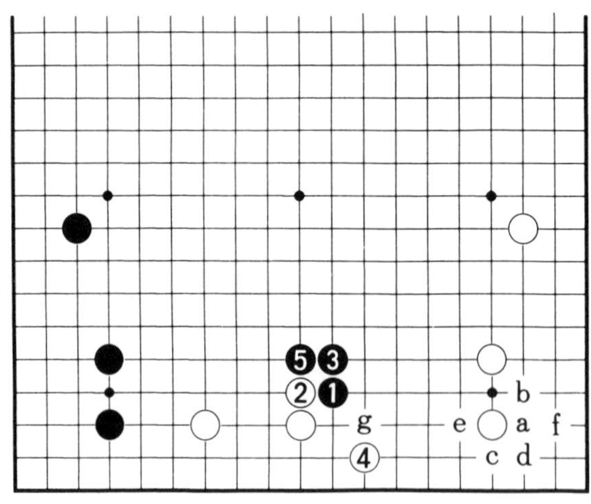

【 문제도 】

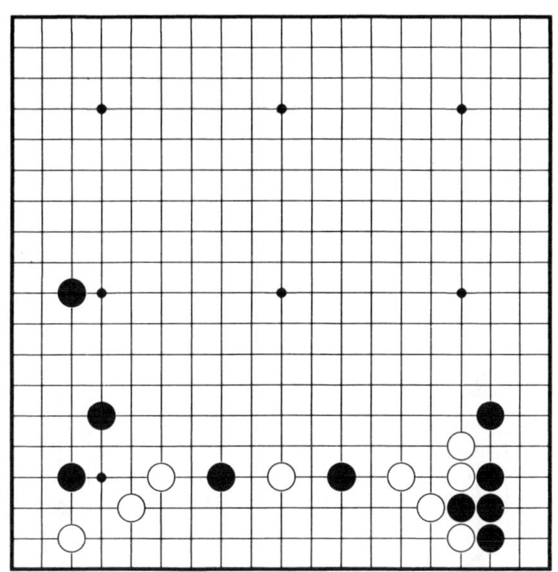

테스트26

흑 선

하변의 흑 2점이 뿔뿔이 흩어져 있다.

이런 경우에는 흑이 어떻게 절충할 것인가.

26. 절충은 붙임에서

1도 (정 해)

흑❶로 붙이는 것이 절충의 맥점.

만일 백②로 젖히면 흑❸끊어 이하 백⑧까지에서 흑❾가 바로 요소.

2도 (변 화)

또 백②로 반대쪽에서 젖혀 나와도 흑❸이하 흑❾까지로 이것도 "좌우동형에 수 있다"의 일종이다.

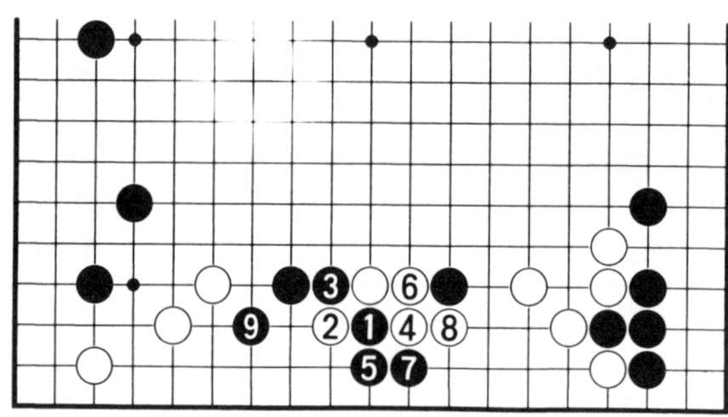

1도

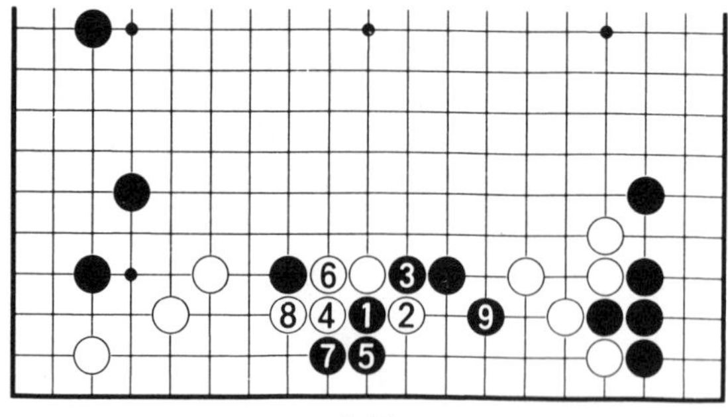

2도

【 문제도 】

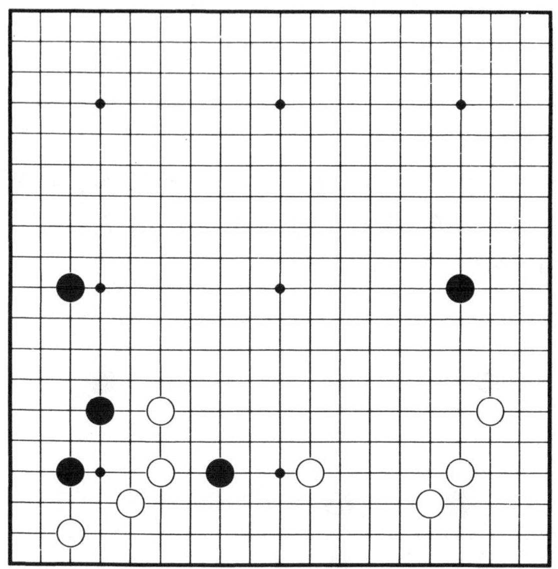

●응용 문제 　　　흑 선

주위의 백이 강력하다.

그렇다고 흑의 1점을 방치하면 절충의 찬스를 놓친다.

3도 (의 문)

"탈출은 한칸 뜀으로" 흑❶로 뛰어서 탈출하는 것이 좋을 때도 있지만, 백에게 ②, ④로 쫓겨서 도피 행각으로서는 도저히 승부같은 것은 생각할 수 없는 것이다. 그래서

4도 (절 충)

흑❶등으로 붙여서 절충수를 구할 필요가 있다. 백②로 뻗으면 이하 백⑧에서 흑❾가 맥점. a의 끊음과, b가 있어서 절충이 간단하다.

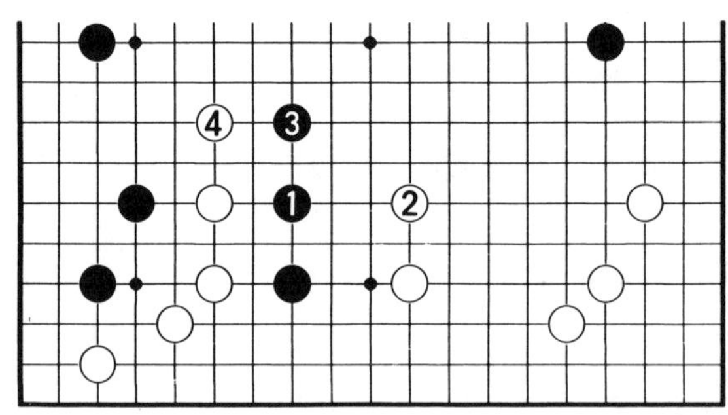

3도

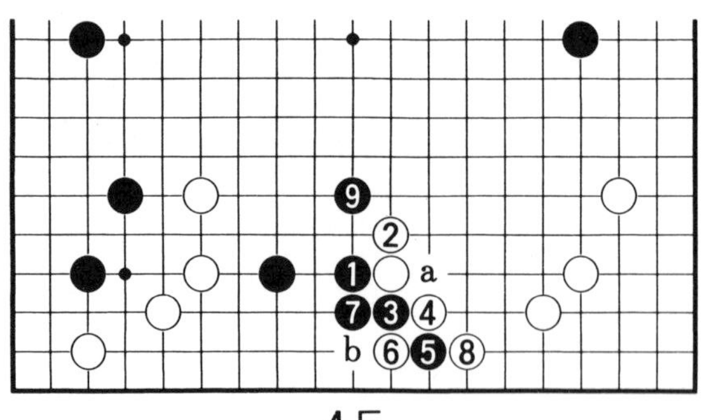

4도

【 문제도 】

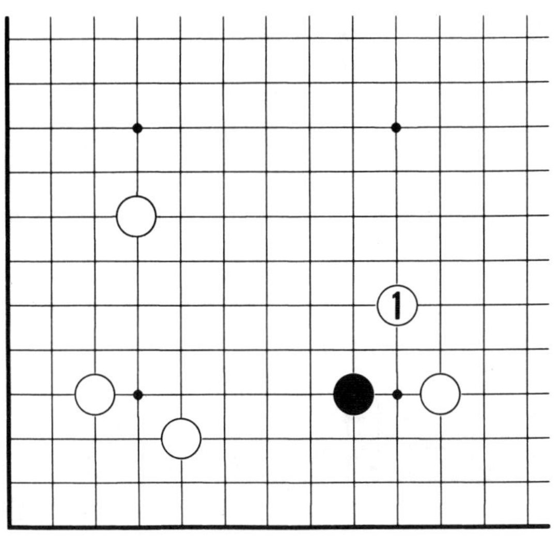

●응용 문제　　흑 선

백이 ①로 일자 걸침으로 공격해 왔다.

이런 경우에 흑의 절충수를 생각해 보라.

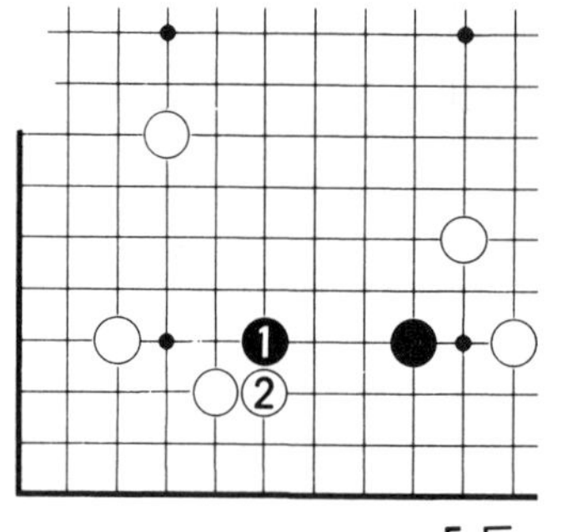

5 도

5 도 (실 패)

흑❶의 어깨짚기도 있을 듯 하지만 백②로 기면 이 흑의 절충은 어려운 것이다.

그러므로—

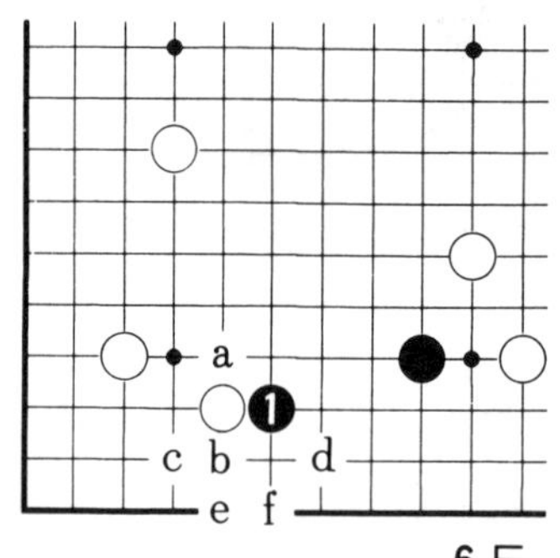

6 도

6 도 (정 해)

이런 경우에는 흑❶로 붙여서 절충을 구하는 것이 효과적. 다음에 백a면, 흑b, 백c, 흑d, 백e, 흑f면 패로 싸운다. 만일—

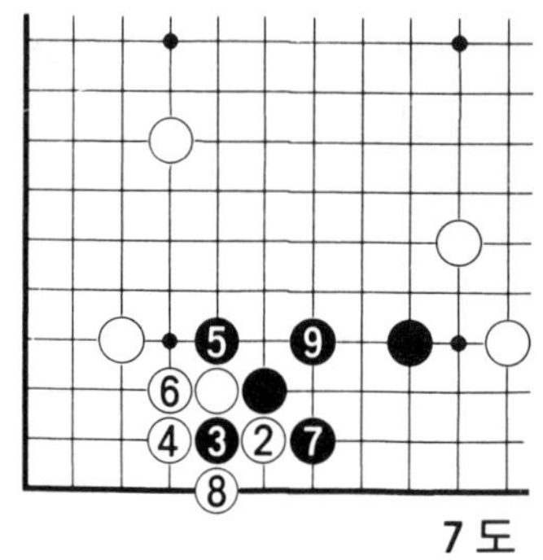

7 도

7 도 (변 화)

백②로 젖히면 흑❸으로 끊어서 이하 흑❾까지로 절충하여 멋지게 안정.

【문제도】

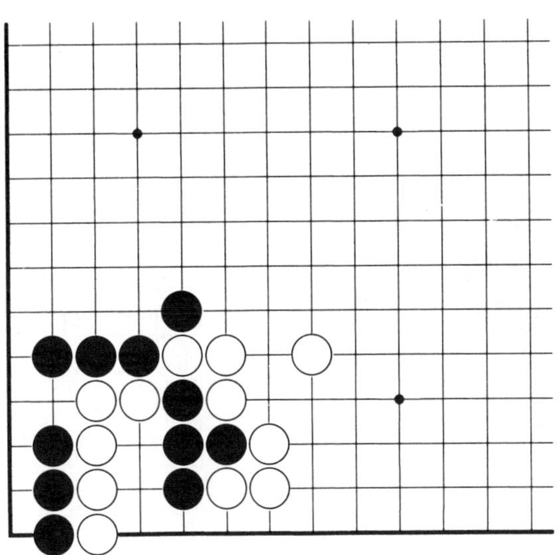

테스트27

흑 선

귀에서 백 5점과, 흑 4점의 수상전이다.

결과가 어떻게 될 것인가.

27. 수상전은 밖의 공배부터

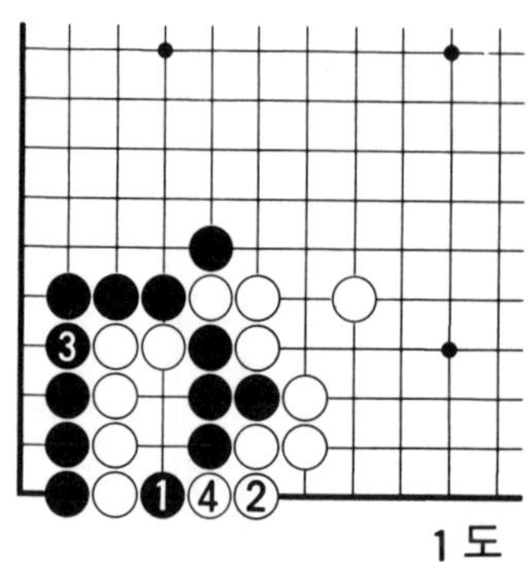

1 도

1 도 (실 패)

흑❶의 모붙임이 급소인듯 하지만, 격언의 반대. 백②, ④로 흑이 죽었다.

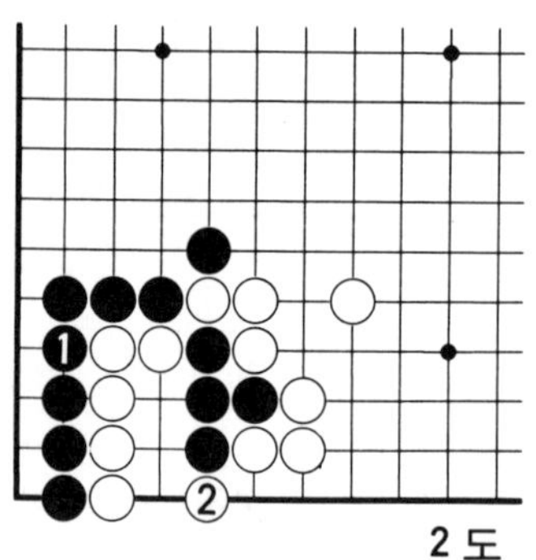

2 도

2 도 (문제 외)

아무리 "밖에서부터"라고 하지만 이 흑❶에 백②로 넘어서는 문제외.

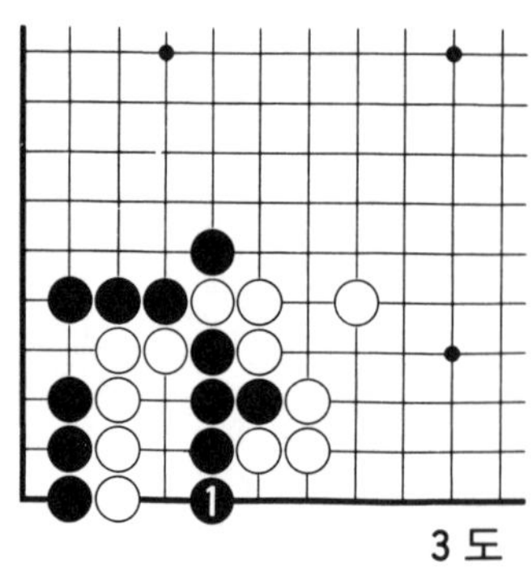

3 도

3 도 (정 해)

흑❶의 내려섬으로 빅이다. 백도, 흑도 당분간 손을 뺀다.

【 문제도 】

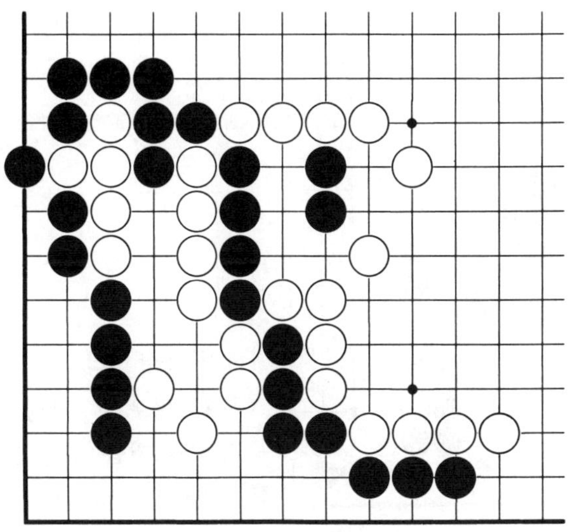

테스트28

흑 선

대단한 수상전이다.

독자가 흑이라면 어디서부터 어떻게 공격하겠는가.

28. 꼬리 자르기 수상전에 진다

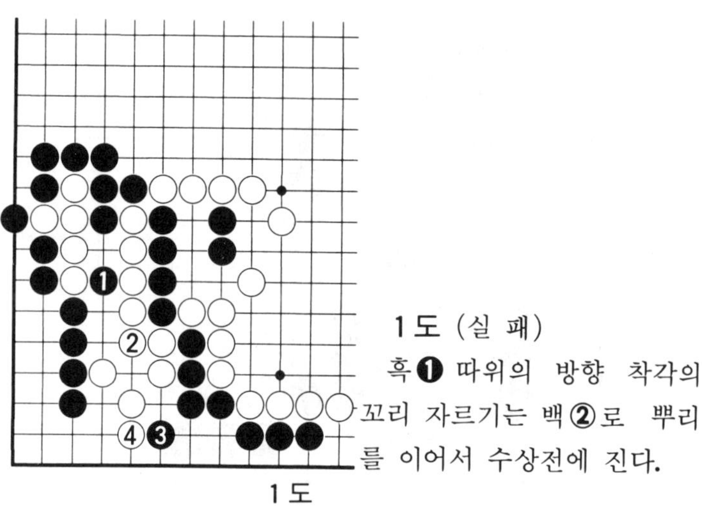

1도

1도 (실 패)

흑❶ 따위의 방향 착각의 꼬리 자르기는 백②로 뿌리를 이어서 수상전에 진다.

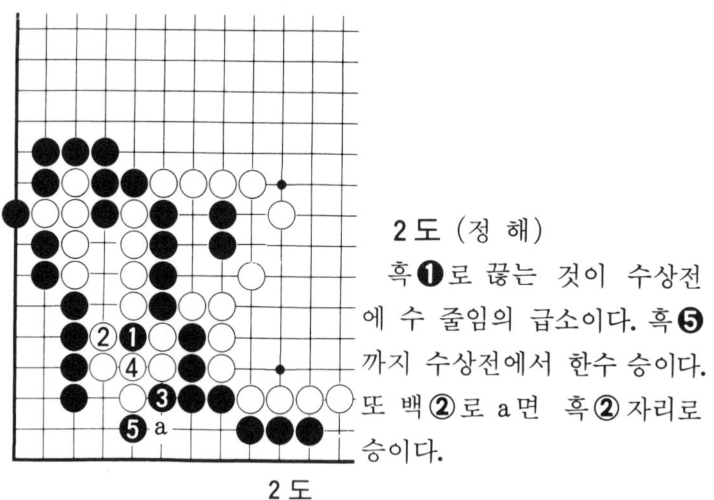

2도

2도 (정 해)

흑❶로 끊는 것이 수상전에 수 줄임의 급소이다. 흑❺까지 수상전에서 한수 승이다. 또 백②로 a면 흑② 자리로 승이다.

◖[문제도]◗

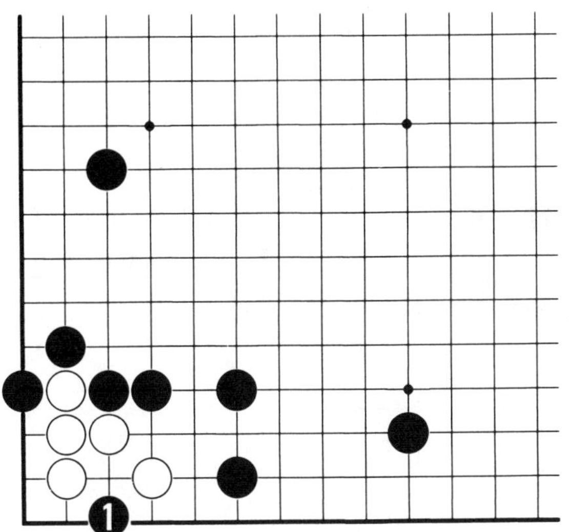

테스트29

백 선

흑❶로 잡으러 왔다.
백은 어떻게 응수할 것인가.
탈출한다면 합격이다.

29. 화점에 남는 3·三 침입의 뒷맛

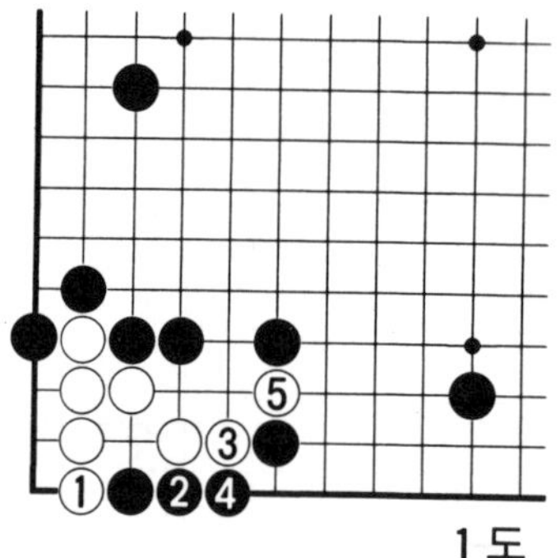

1 도

1 도 (정 해)

백①부터 막고, 흑❷에 백③ 늦추고 ⑤로 끼운다. 계속하여—

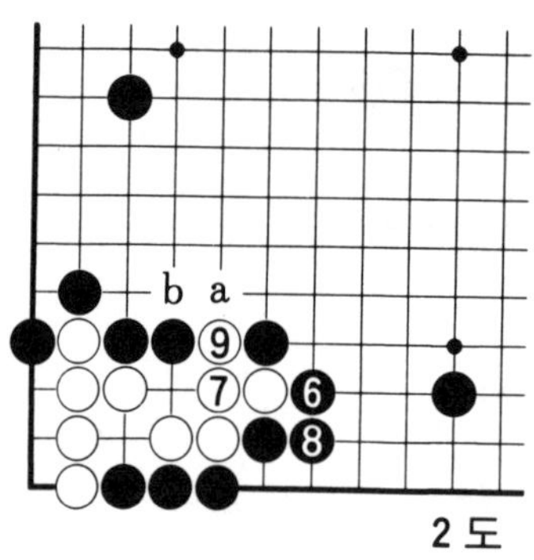

2 도

2 도 (계 속)

흑❻, ❽에 대하여 백⑨ 밖으로 진출한다. 흑a에 백b로 탈출.

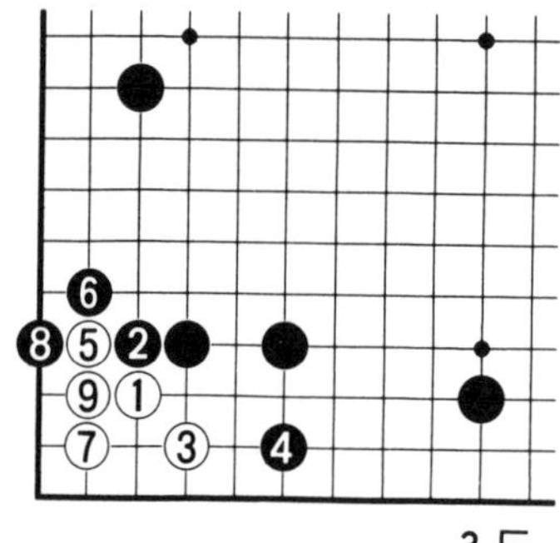

3 도

3 도 (원형의 수순)

3·三에 침입한 돌은 좀처럼 잡히지 않는다.

이것도 백①이 3·三이하 백⑨까지 간단히 사는 것이다.

〈응용 예 I〉

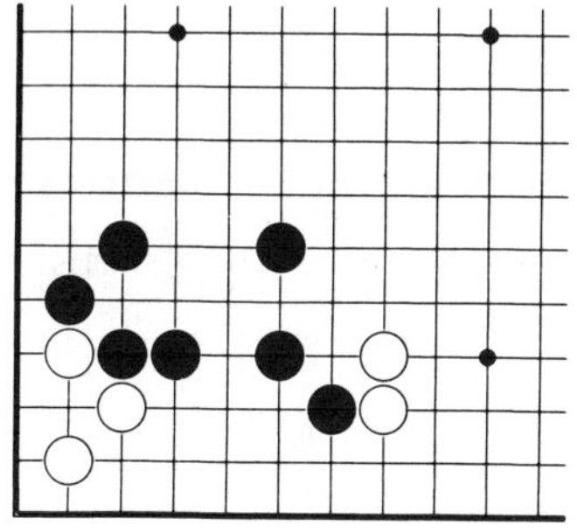

4 도

4 도 (흑 선)

3 의 백을 무조건(패말고) 잡는 방법을 생각해 보라.

주위의 흑이 견고할 때는 아무리 3·三이라도 살기 어려운 것.

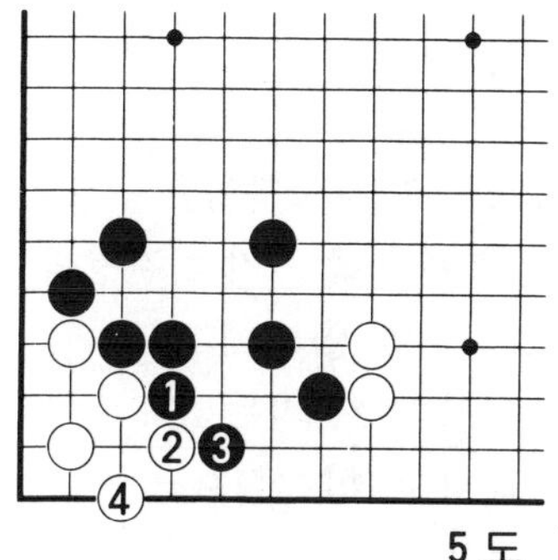

5 도

5 도 (실 패)

쉽게 흑❶로 막아서는 백 ②, ④로 살게 된다.

이 흑❶로는—

6 도

6 도 (정 해)

흑❶로 뛰어 발목을 잡는 것이 백. 이로써 조건 없이 백을 잡는다.

백②, ④까지 몸부림 쳐도 흑❺로 백은 살 수가 없다.

〈응용 예Ⅱ〉

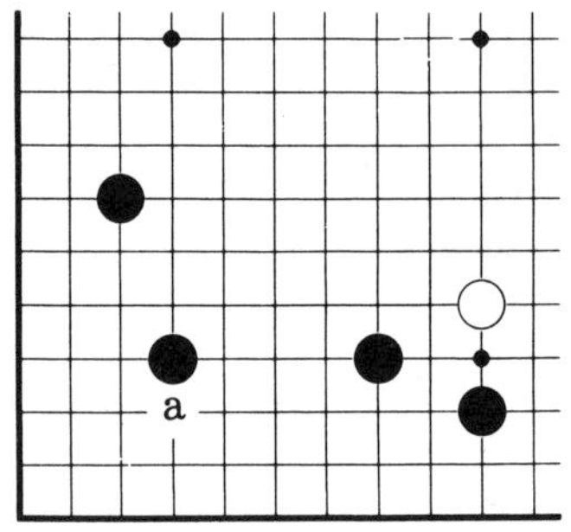

7 도

7 도 (백 선)

이러한 흑의 진영에 백이 3 · 三에 침입할 수 있다. 가급적이면 흑이 a에 가일수 해야 할 곳이다.

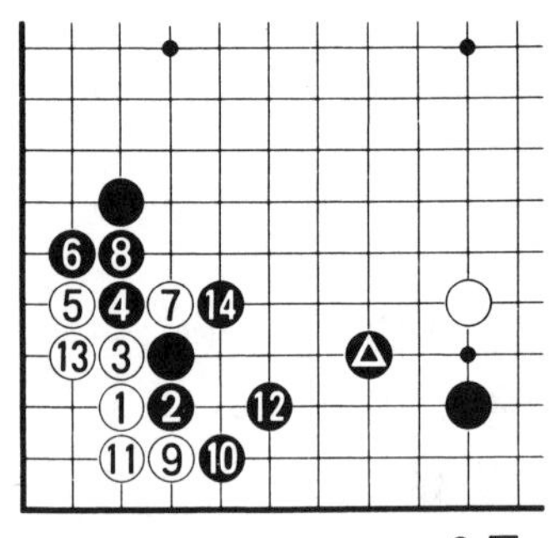
8 도

8 도 (흑의 중복형)

흑❷이하 ⓮까지로 결정되기도 하지만 ▲의 1 점이 중복되어서 다소 비능률적.

그래서 흑❹젖힘으로—

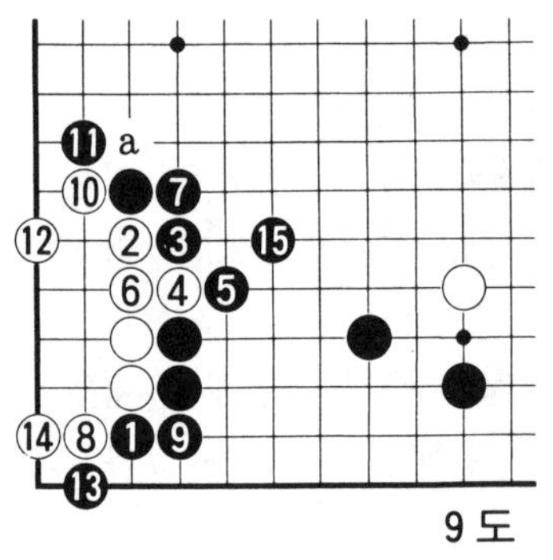

9 도

9 도 (일장 일단)

흑❶로 젖히는 것이 유력한 수. 백②이하 흑⓯로 일단락이지만 이번에는 a의 단점을 남기는 것이 결점으로 일장 일단.

◖[문제도]◗

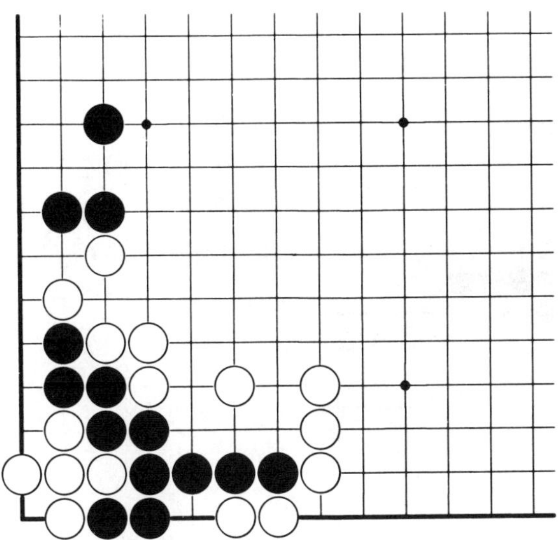

테스트30

흑 선

귀의 백 5 점을 잡는다고 해서 아직 안심할 수는 없는 것이다.

어떻게 둘 것인가.

30. 3수 늘어진 패는 패 아니다

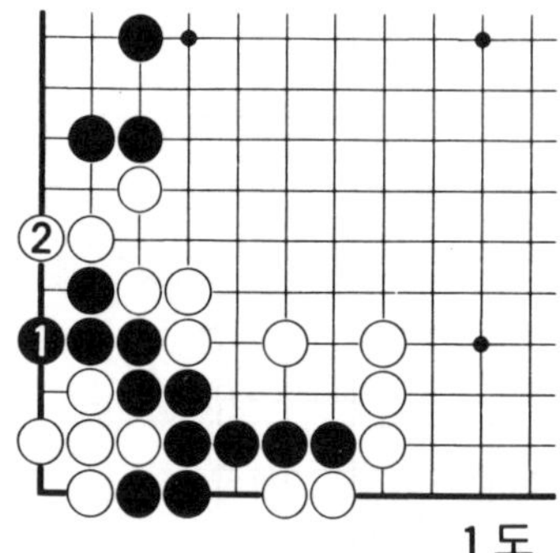

1도 (실 패)

흑❶로 내려서서 귀의 백을 잡아도 "꽃6궁"으로 죽는다.

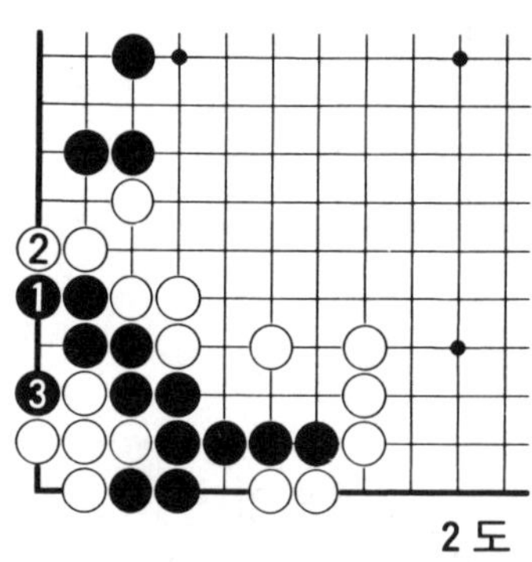

2도 (정 해)

먼저 흑❶로 넘자 하여 백②를 강요하고 흑❸으로 패를 던져 넣는다.

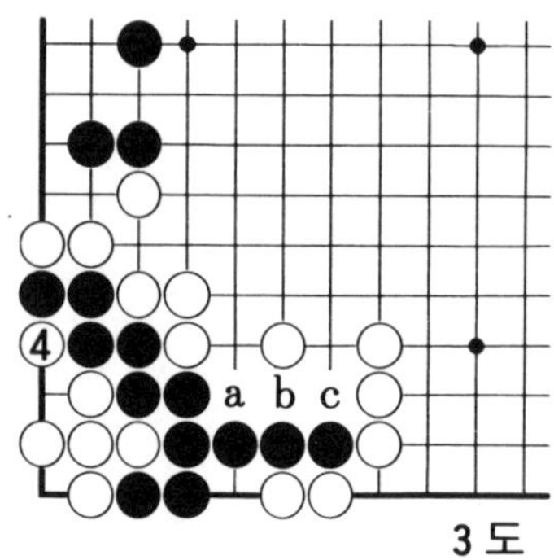

3도 (즐거운 패)

백④로 패를 따도 백은 a, b, c를 메꿔야 비로소 단패가 되므로 오히려 즐거운 패.

【 문제도 】

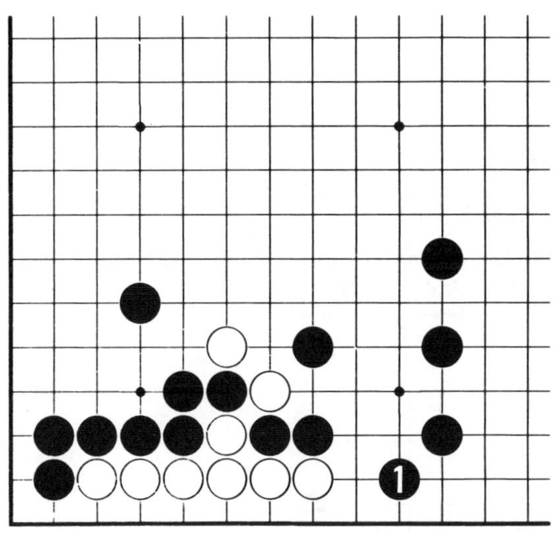

테스트31

백 선

흑이 매섭게 마늘모로 백 전체를 잡으려고 한다.

과연 백이 살 수가 있을까.

31. 6사8생은 사활의 기본

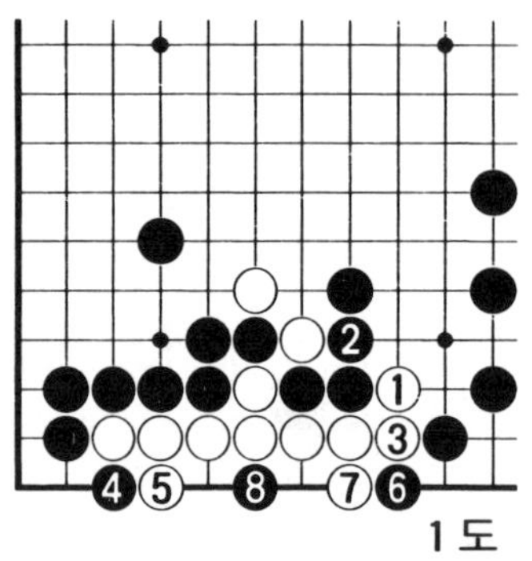

1도 (실 패)

쉽게 백①, ③으로서는 흑❷이하 ❽까지로 살 수가 없다.

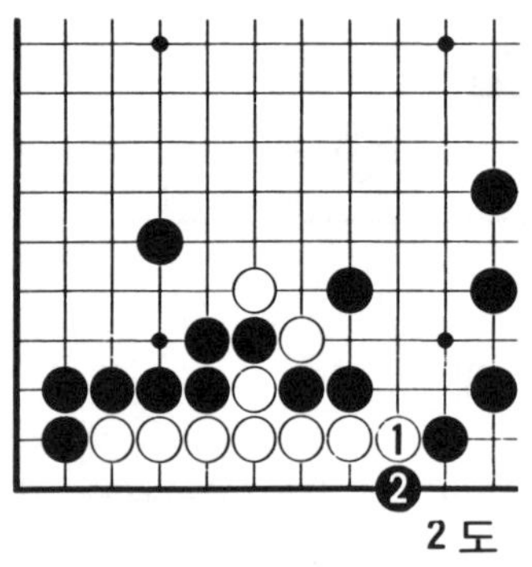

2도 (정 해)

백①로 늘린다. 7생이므로 흑❷는 잡기 위해서는 두어야할 점이지만.

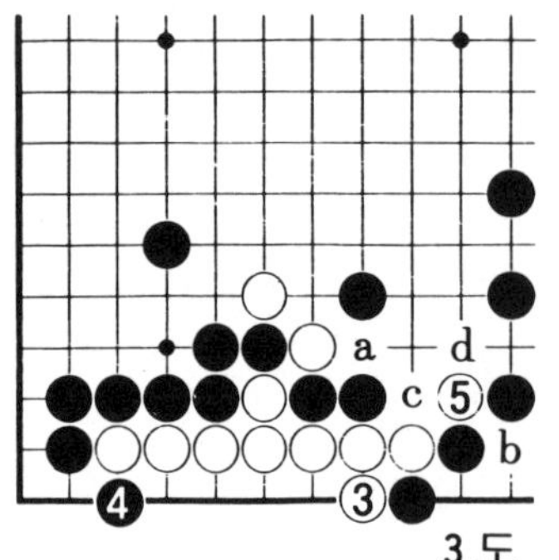

3도 (찔러박기의 수)

백⑤가 날카로운 찔러박기, a와 b를 맞본다. 다음에 흑 c면 백d.

〈참고 예〉

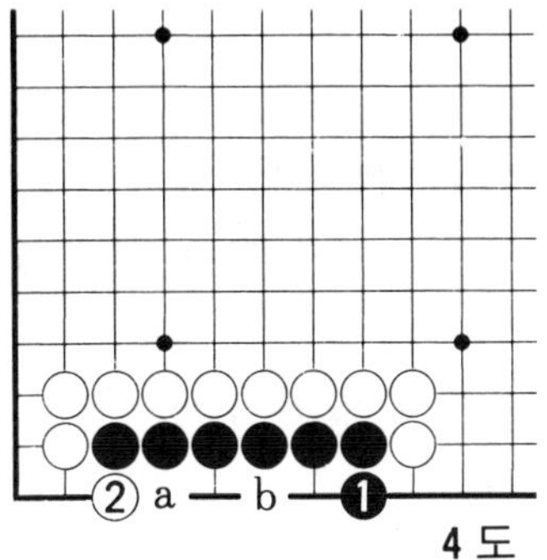

4 도 (6 사)

"6 사 8 생"이란 제2 선에서 6 점의 돌은 죽고, 8 점이면 산다는 뜻.

흑 ❶로 두어도 백 ②에 흑 a에 백 b로 죽는다.

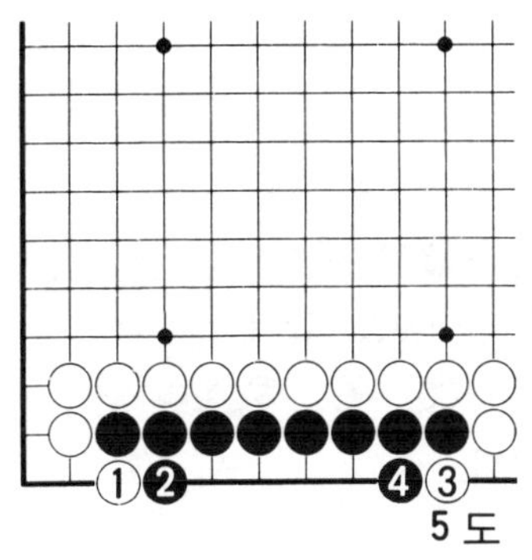

5 도 (8 생)

8 점이면 백이 ①, ③으로 줄여 와도 무조건 산다.

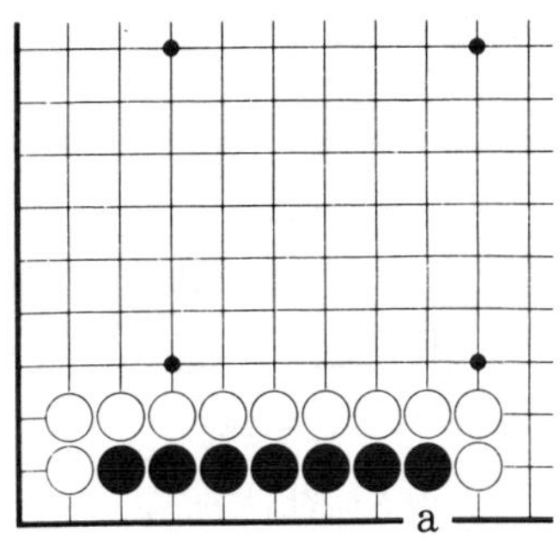

6 도 (7 점의 경우)

그 중간인 7 점에서는 선수면 생, 후수면 사.

즉 흑 a 면 생, 백 a 면 사.

〈응용 예〉

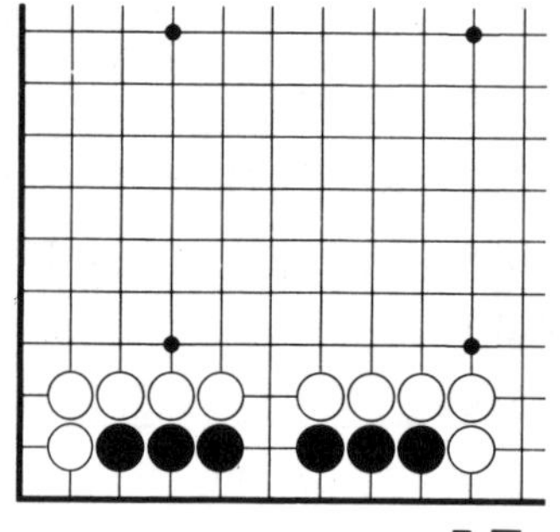

7 도 (흑 선)

백에 포위된 흑이 살수 있을까.

6사 8생에 관한 유명한 문제.

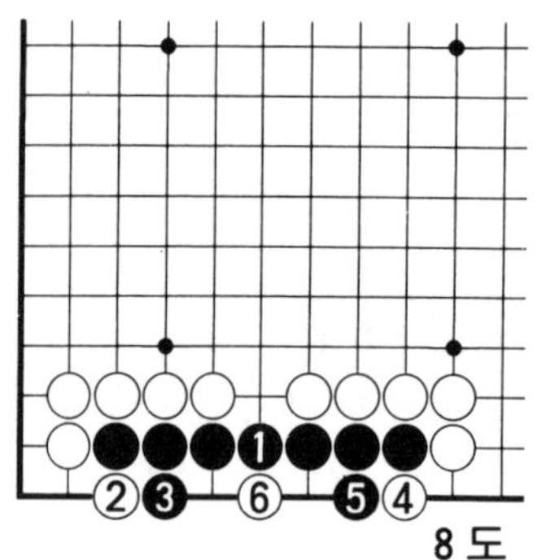

8 도 (실 패)

흑❶로 이어서는 제 2 선에 7 점이므로 살 수 없다.

백②, ④, ⑥으로 살 수가 없다.

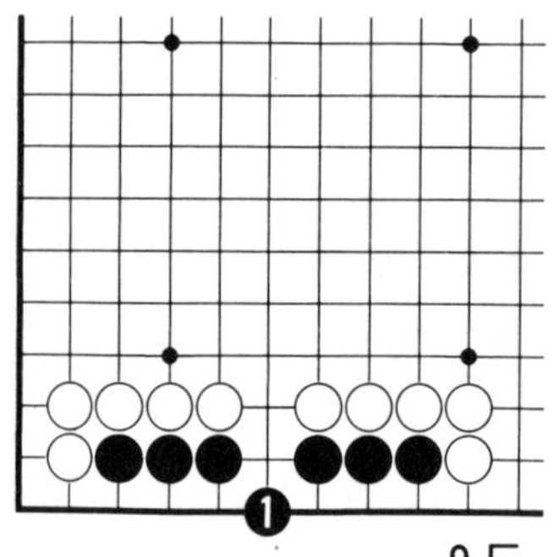

9 도 (정 해)

"좌우 동형은 중앙에 수 있다"의 격언대로 흑❶로 웅크리는 것이 묘수다.

두고 보면 간단한 것.

【 문제도 】

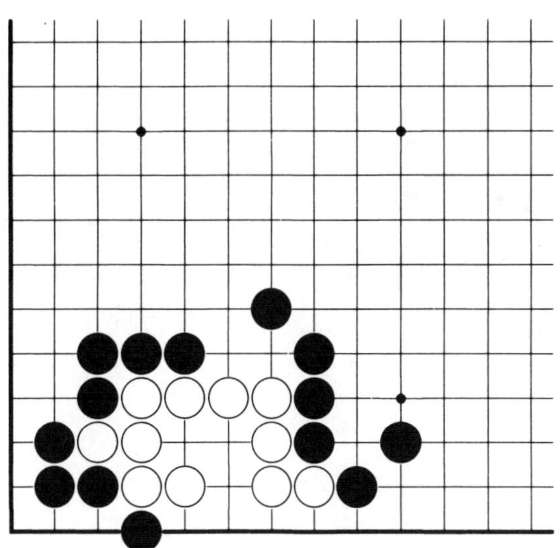

테스트32

흑 선

백을 간단히 잡을 수 있다. 요는 첫점인데 어디서 부터 두겠는가.

32. 잡으려면 젖혀라

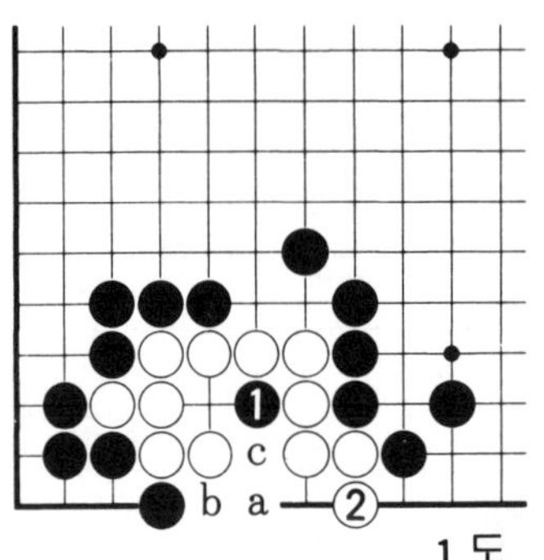

1 도

1 도 (실 패)

얼른 보아 흑❶이 급소인 듯 하지만 백②로 내려서서 흑a, 백b, 흑c로 되어 빅으로 살게 된다.

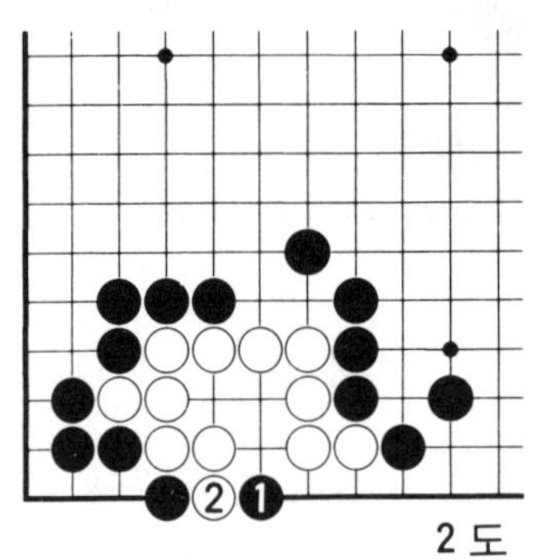
2 도

2 도 (실 패)

흑❶이면 백②로 간단하게 살았다.

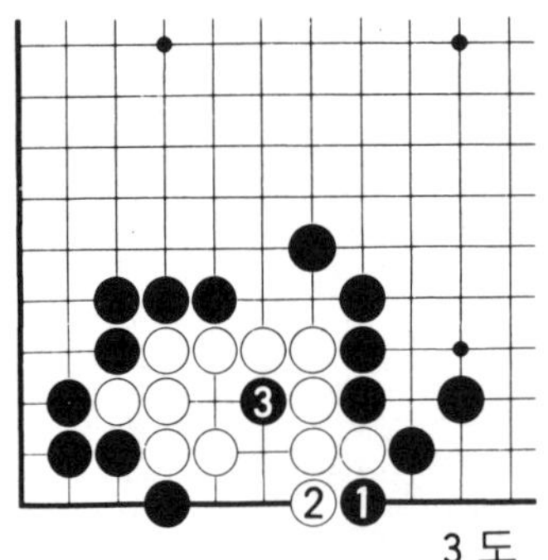
3 도

3 도 (정 해)

이런 형에서는 흑❶로 젖혀서 백의 궁도를 줄이는 것이 정수. "잡으려면 젖혀라"는 이 외에도 얼마든지 있다.

〈응용 예Ⅰ〉

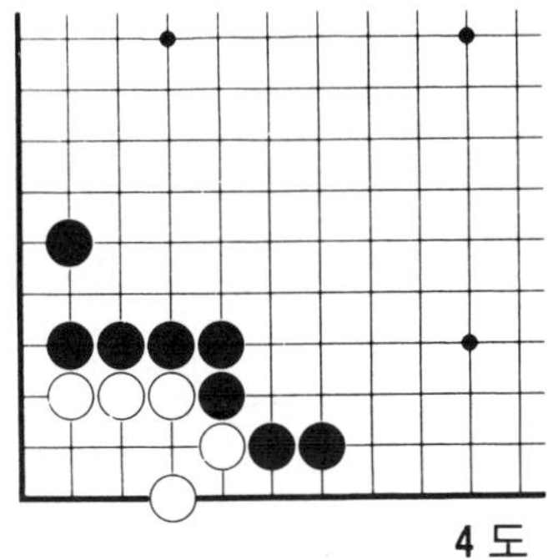

4 도

4 도 (흑 선)

이것도 "젖혀 잡기"의 유명한 묘수 풀이로서 실전에 많이 나온다.

흑은 어떻게 잡겠는가.

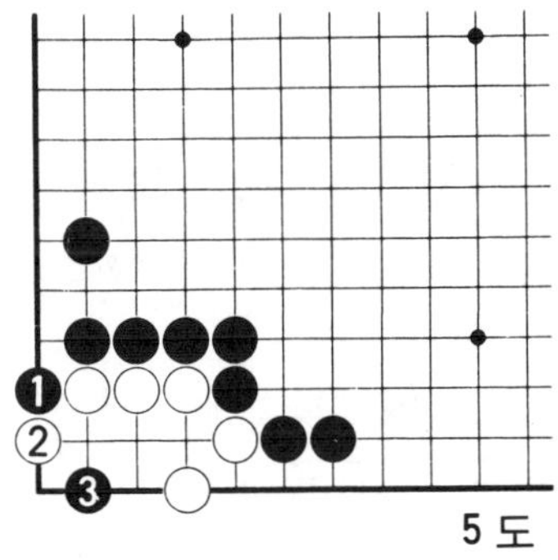

5 도

5 도 (정 해)

"잡으려면 젖혀라"의 격언대로 우선 흑❶로 젖힌다.

백②로 막았을 때 흑❸이 급소. 이로써 백은 살 수가 없다.

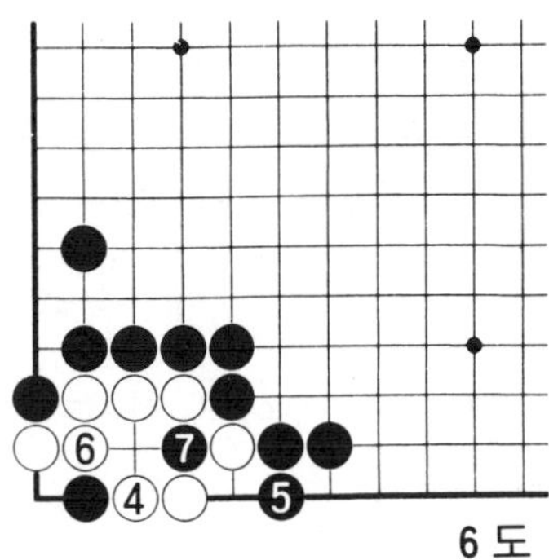

6 도

6 도 (계 속)

백④면 흑❺로 내려선다.

흑❼의 먹여침이 묘수. 이제 백은 두눈을 만들지 못한다. 이런 형은 3·三에서 많이 보는형.

〈응용 예 Ⅱ〉

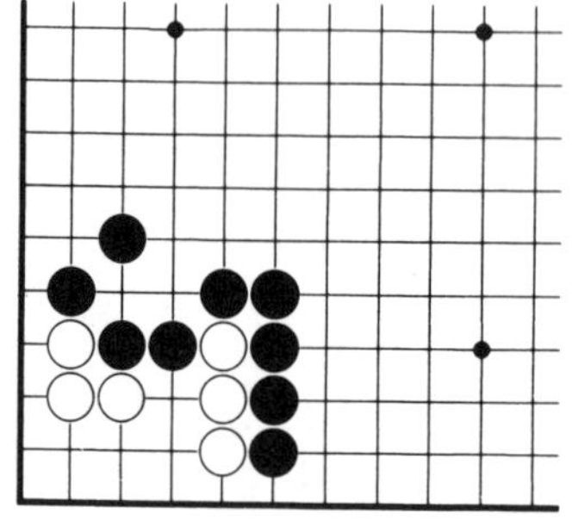
7 도

7 도 (흑 선)

실전에 많이 생기는 형. 잡는 수는 한 가지만은 아니지만 서투르면 살리게 되므로 주의를 요한다.

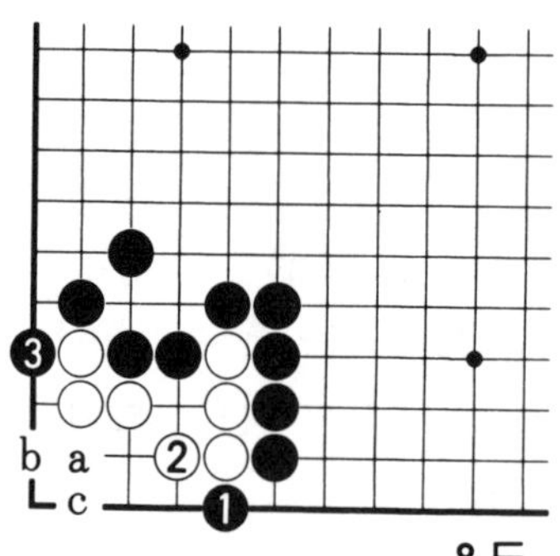

8 도

8 도 (정 해)

흑❶로 젖힌다. 백②로 구부리는 정도인데 흑❸으로 또 젖혀서 잡는다.

또 흑❸으로 a에 치중, 백 b, 흑c로도 죽게 된다.

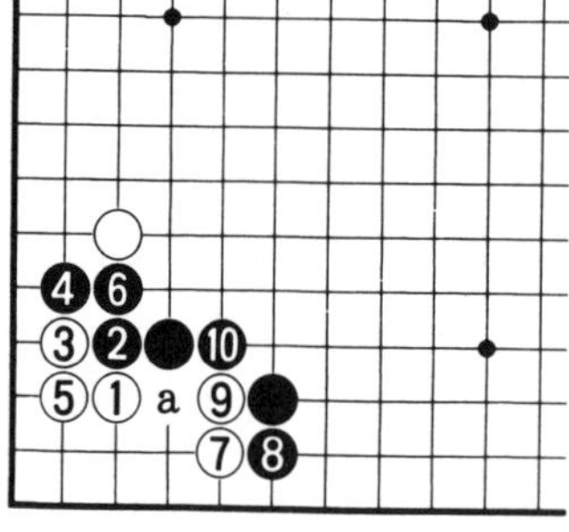

9 도

9 도 (원형의 수순)

백①로 3·三에 침입, 흑⑩까지 되었을 때에 백이 손을 뺀 것인데 7도와 비슷한 형.

백은 a에 두어서 살려 놓아야 한다.

【문제도】

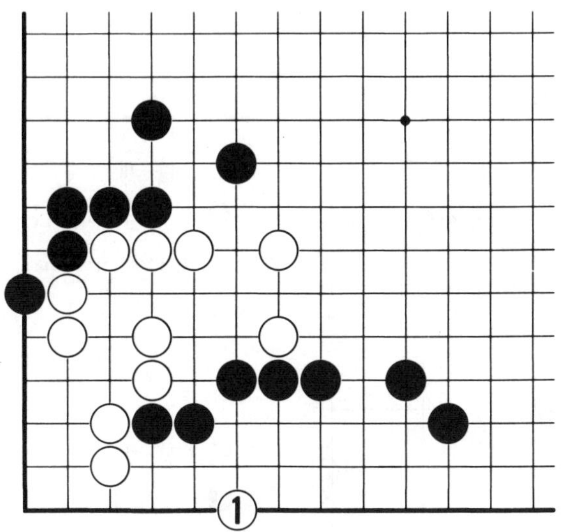

테스트33

흑 선

끝내기라고 생각하라.

백①의 목자 끝내기에 흑은 어떻게 대처할 것인가.

33. 목자 끝내기 9집

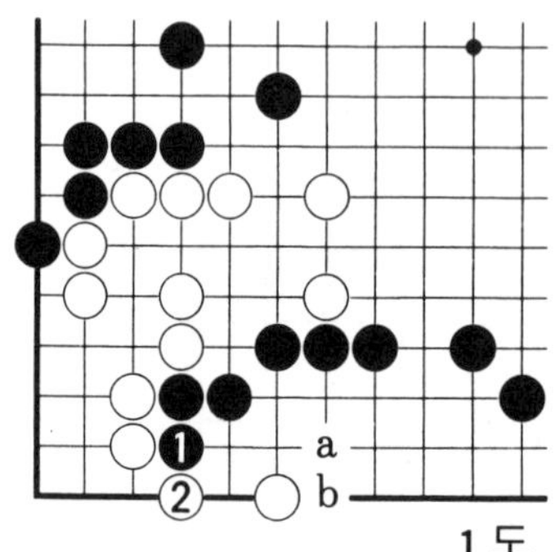

1 도

1 도 (실 패)

흑❶로 차단하려는 것은 실패. 흑a에 두어도 백b로 막지 못한다.

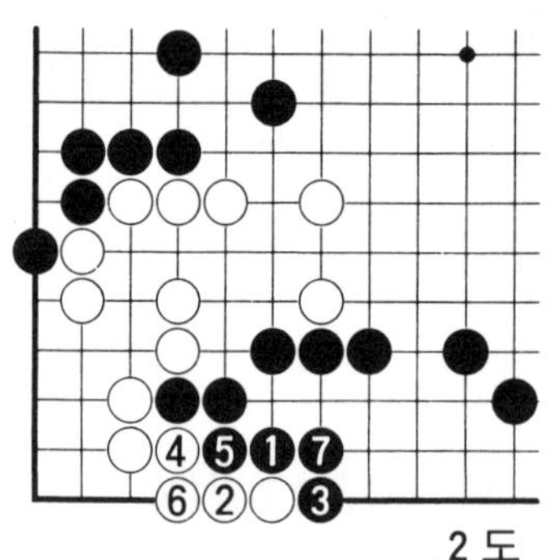
2 도

2 도 (정 해)

흑❶로 위에 붙여 백②에 흑❸으로 막는 것이 정수. 백④로 ❼자리에 끊으면 흑이 ⑥자리에 두어서 백 두점이 잡힌다.

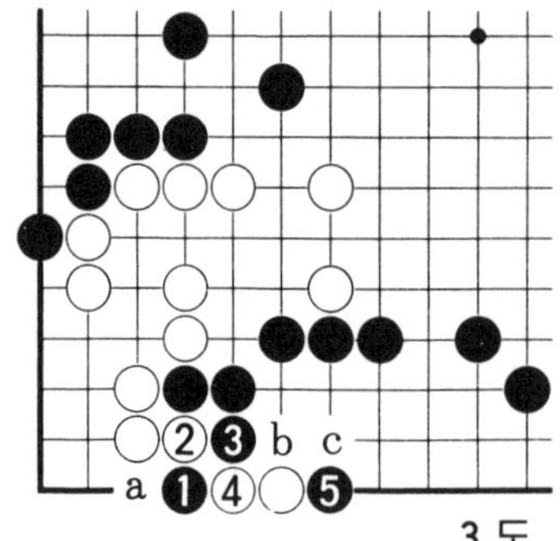

3 도

3 도 (참고)

비슷한 수로, 흑❶, ❺, 백a, 흑b. 백b는 흑c로 후수가 된다.

제3장 원리와 격언

입전(立展)의 법칙

【문제도】

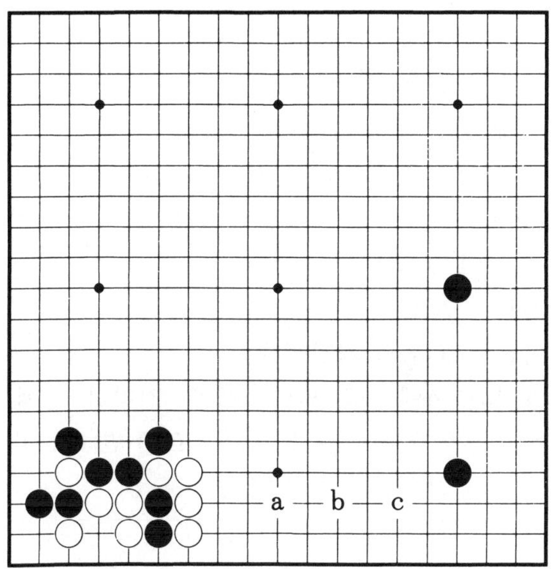

테스트34

흑 선

하변 만을 보자.

흑은 a, b, c의 어디에 착점할 것인가.

34. 두터운 곳에 가까이 가지 마라

1도 (해 답)

상대의 "두터운곳(강한 곳)에 가까이 가지 마라"라는 격언은 바둑 전술의 철칙이다. 따라서—

1. 흑c=100점.

2. 흑b= 70점.

3. 흑a= 50점의 채점이다.

흑이 a 또는 b에 두면 백이 c등에 갈라쳐 오게되므로 흑으로서는 불안하다. 그러므로 흑c로 두면 백b라도 부분적으로는 흑d에 붙여서 흑 모양을 확장.

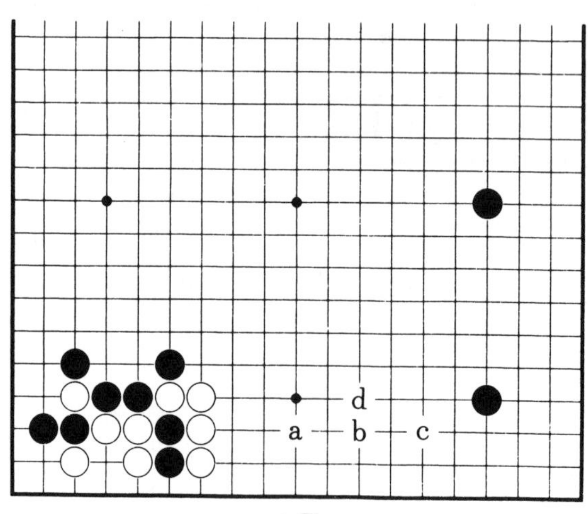

1도

【 문제도 】

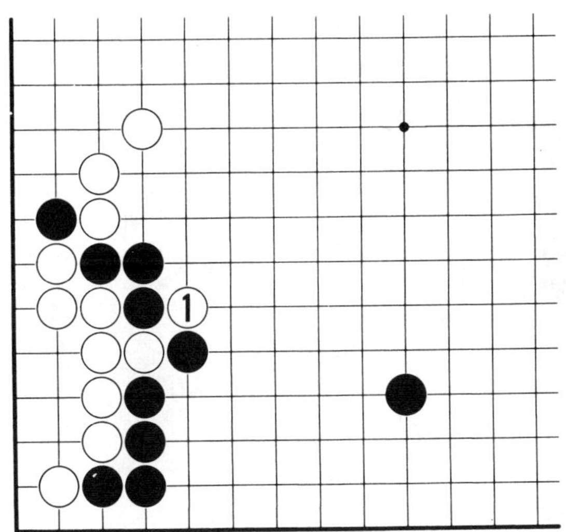

테스트35

흑 선

백①로 끊어 왔다.

여기에서 대처할 흑의 다음 한수를 표시하라.

35. 쓸모 없는 돌은 도망치지 마라

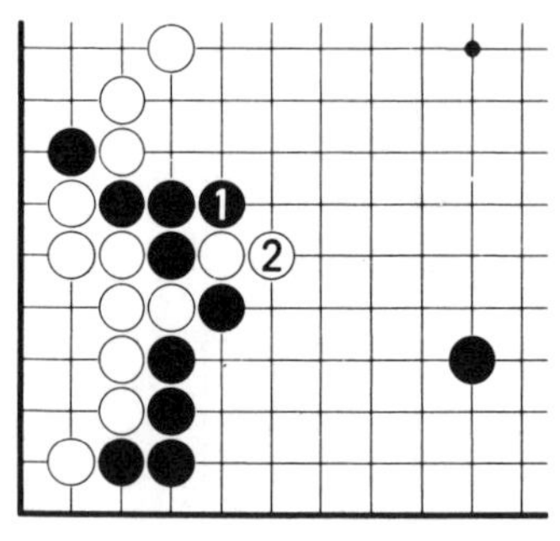

1 도

1 도 (실 패)

흑❶로 위의 3 점을 살리고자 하는 것은 오산이다.

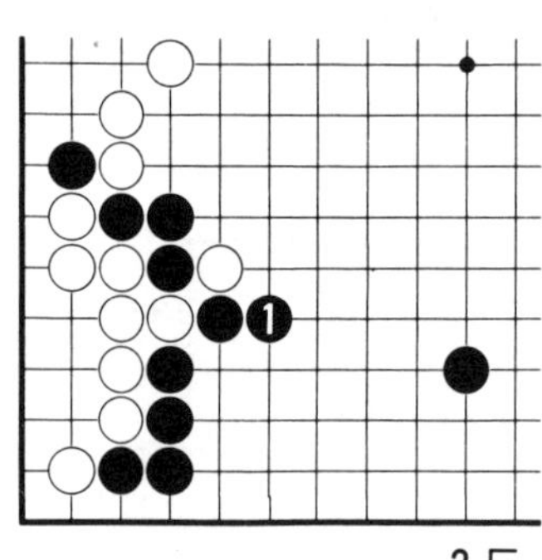

2 도

2 도 (정 해)

위의 3 점은 쓸모 없다. 흑❶로 뻗는 것이 정수.

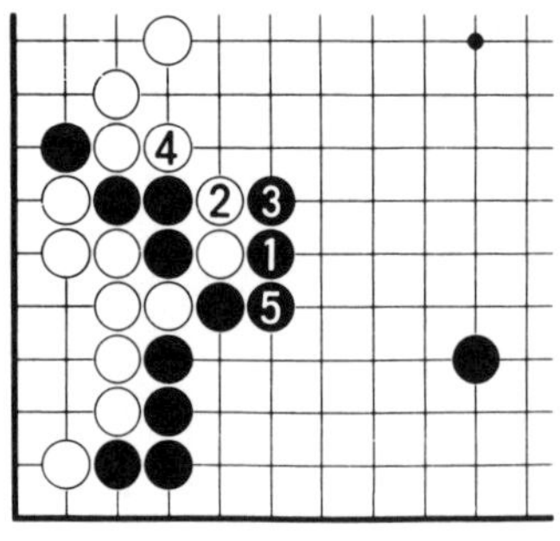

3 도

3 도 (의 문)

일반적으로 흑❶, ❸으로 몰아서 결정 짓는 것은 흑❺로 후수이므로 의문점이다.

〈참고 예〉

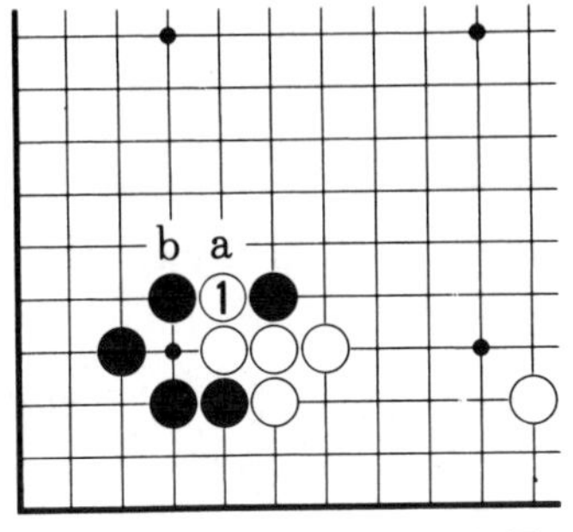

4 도

4 도 (흑 선)

일례를 들면 백①로 나왔을 때 흑은 어떻게 응수할 것인가.

경우에 따라서는 흑a로 받을 수도 있겠지만 백b의 끊는 수가 불안하면—

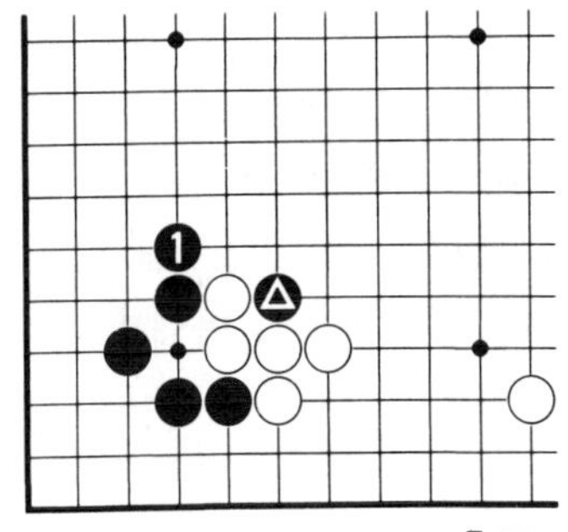

5 도

5 도 (견 실)

▲의 1점을 쓸모 없는 버림돌로 하고 흑❶로 늦추는 것이 좋다.

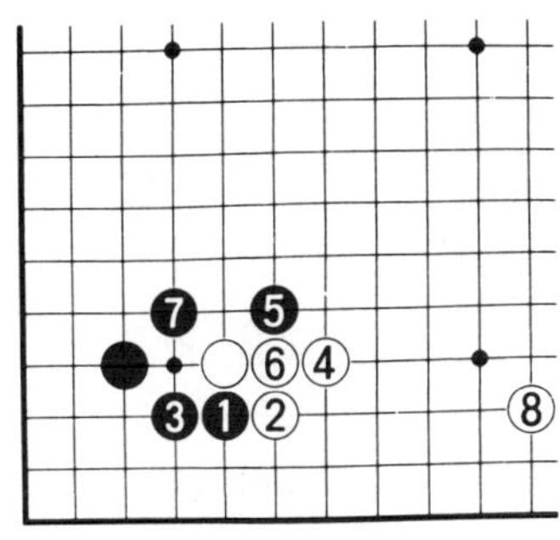

6 도

6 도 (원형의 수순)

4도는 흑❶ 이하의 수순. 흑❺는 강요.

일단 강요의 구실을 다한 돌은 폐석으로 간주하고 버려도 좋은 것이다.

〈응용 예〉

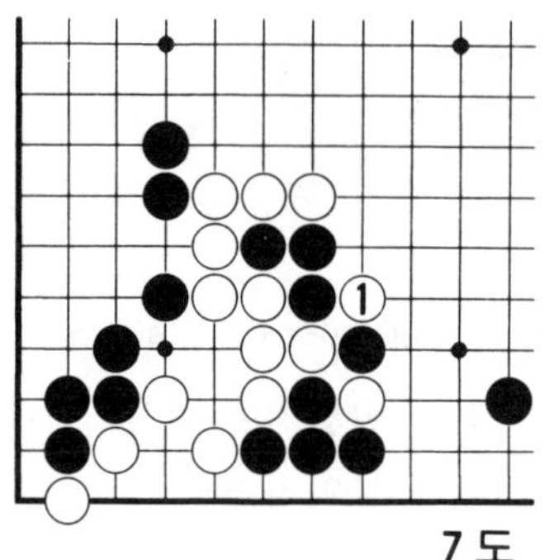
7 도

7 도 (흑 선)

백이 ①로 양단수를 쳐 왔다.

흑은 어떻게 응수할 것인가.

초급자의 문제다.

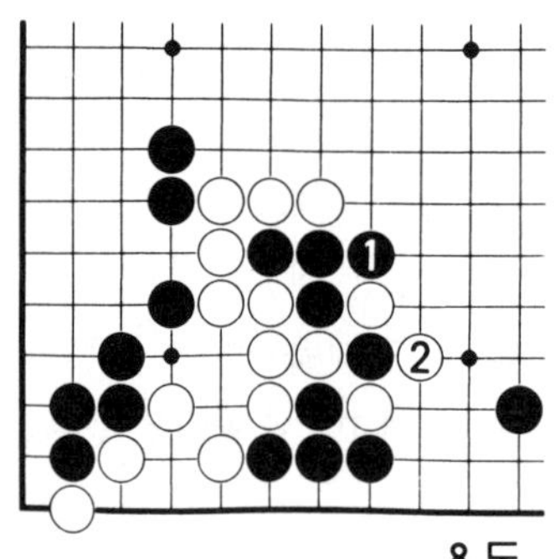
8 도

8 도 (실 패)

위의 흑돌이 3 점이므로 초급자일수록 이것을 살리려고 한다. 흑 1 점이 빵때림 당하면 밑의 흑까지 곤경에 처하게 된다.

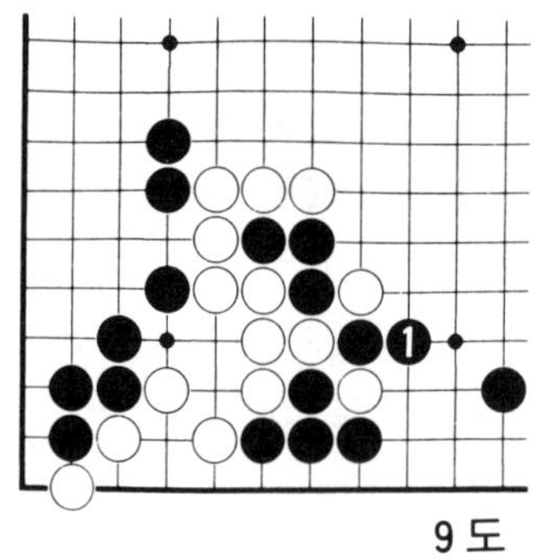
9 도

9 도 (정 해)

주저할 것 없이 흑❶로 늘려야 한다.

위의 흑 3 점은 완전히 쓸모 없는 돌이므로 일찌감치 버릴 각오를 해야 한다.

【 문제도 】

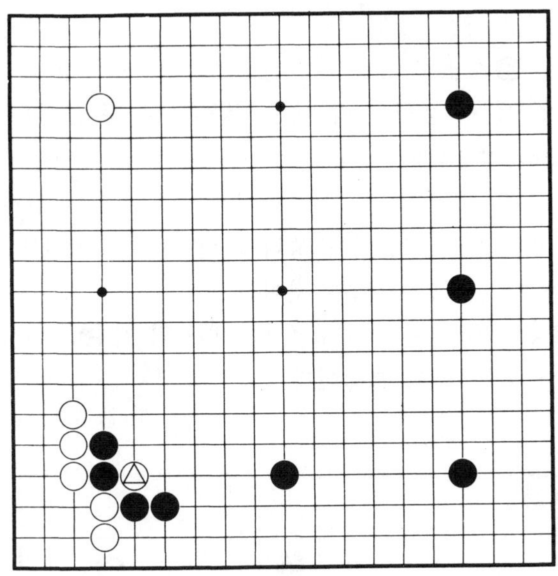

●응용 문제　　　흑 선

△으로 끊어 왔다.

이런 경우에 흑은 어떻게 대처할 것인가.

10도 (정 해)

흑❶, ❸으로 2점을 버리는 것이 정당한 생각. 만일 백이 ②, ④로 2점을 따내면 흑❺로 큰 곳에 손을 돌려서 대세를 리드해야 한다.

이 바둑은 2점 접바둑이므로 흑의 우위가 당연하지만 아래의 2점을 살리겠다는 생각을 한다면 순식간에 2점을 붙인 차이를 잃게 되는 것이다.

흑❺로 a에 걸치는 수도 있다. 백b면 흑❺.

흑c로 뛰는 것도 호점이다.

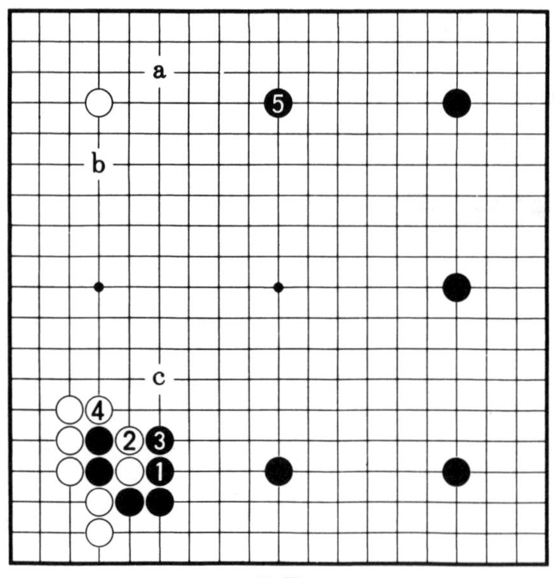

10도

[문제도]

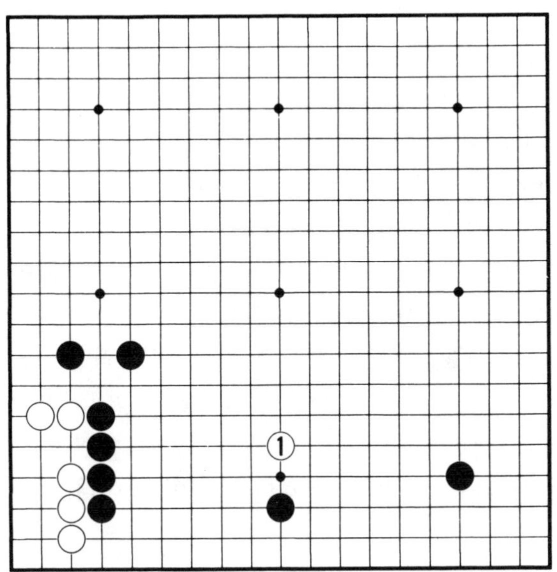

테스트36

흑 선

백①로 모자를 씌워 흑의 모양을 삭감해 왔다.

흑은 어떻게 응수할 것인가.

36. 뒷문 열린 곳 둘러싸지 마라

1도 (정 해)

"모자엔 일자"의 격언을 따른 흑❶이다.

흑a도 모자에 일자지만 이것은 "세력을 둘러싸지 마라"라는 격언에 위배되는 것이다. 더구나 b의 뒷문이 열려 있으므로 기리에 어긋나는 것이다.

흑은 우선 ❶로 받고 다음 흑c로 걸쳐 백을 공격하는 수를 노린다. 흑c는 단순히 백 1점을 공격할뿐만 아니라 우측에 큰 세력을 펼 구실도 한다. 이 때 우변d 도처에 흑돌이 있다면 그야말로 절호의 착점인 것이다.

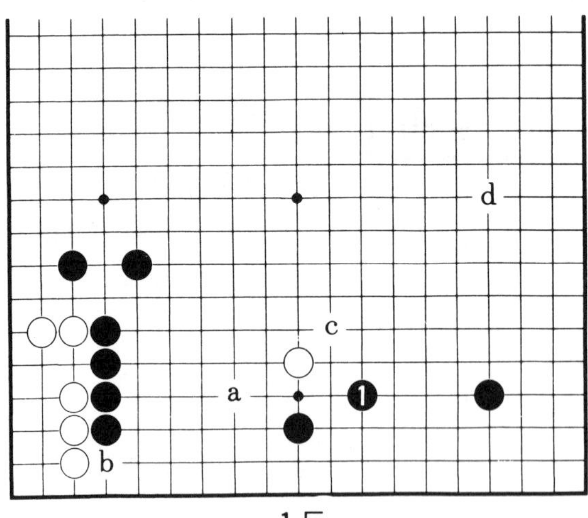

1도

◖[문제도]◗

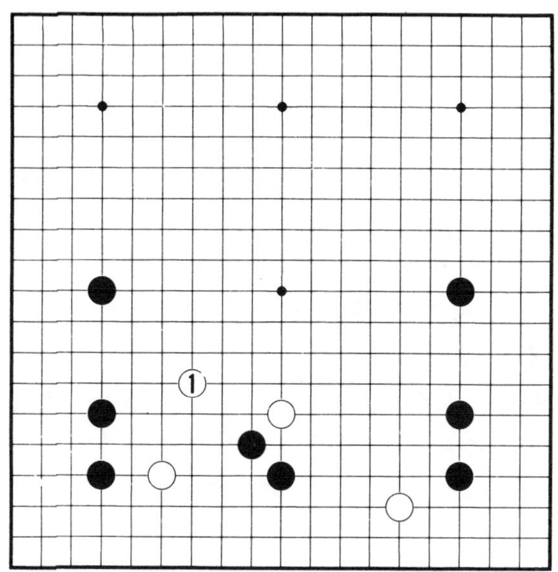

테스트37

흑 선

백①로 그물을 치는 것은 상수자의 상용 수단이다.

흑의 준엄한 반격을 기대한다.

37. 끊는 한 수 승부의 열쇠

1도 (정 해)

흑❶로 찌르고 나온다. 만약, 백②로 젖혀 막아도 흑❸으로 끊는 것이 준엄한 수. 이러한 끊는 한수로 승부의 흐름이 크게 달라지는 경우가 적지않은 것이다.

"끊는 한수 승부의 열쇠"가 바로 흑❸이다.

백이 ④로 뻗어서 저항해 오면 흑❺의 어깨짚기가 맥점. 백⑥이면 흑❼로 봉쇄. 백⑥으로 ❼자리에 응수하면 흑a로 단수치고 백⑥에 흑b로 슬슬 중앙으로 뚫고 나간다. 백은 사분 오열로 수습하기 어렵게 된다.

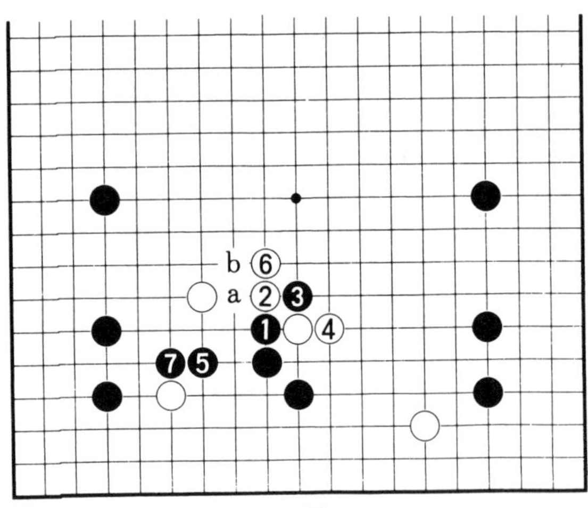

1도

〈응용 예 I〉

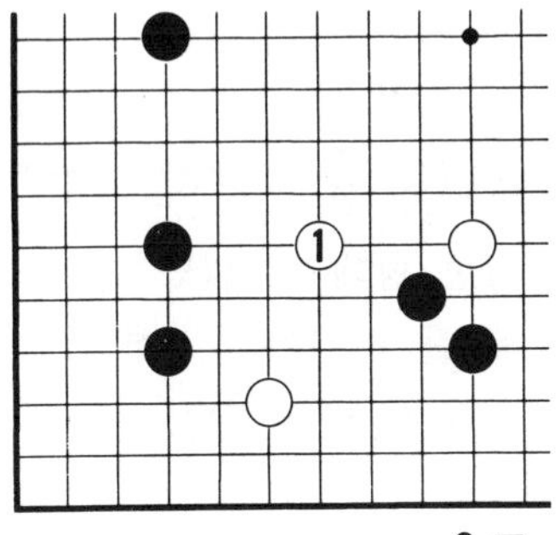
2 도

2 도 (흑 선)

백①로 걸쳐왔다. 1도와 비슷하지만 다소 다른 모양이다. 흑은 어떻게 둘 것인가.

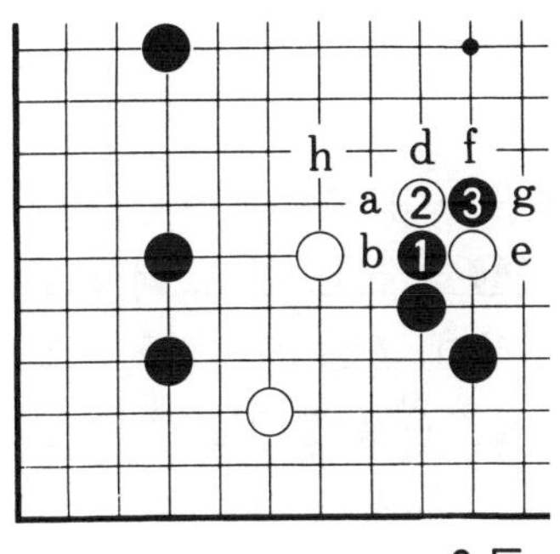

3 도

3 도 (정 해)

흑❶로 나가서 ❸으로 끊는 것은 1도와 같고, 흑❸으로 a에 젖히는 것은 백b, 흑❸자리, 백d는 속수로, 흑e, 백f, 흑g, 백h로 장문에 걸린다.

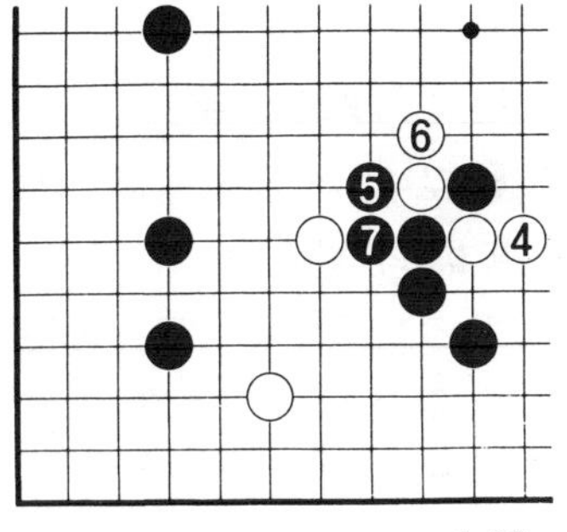
4 도

4 도 (계 속)

1도와 같이 백이 ④로 뻗으면 흑❺, ❼로 단수치고 이어 나간다.

〈응용 예 Ⅱ〉

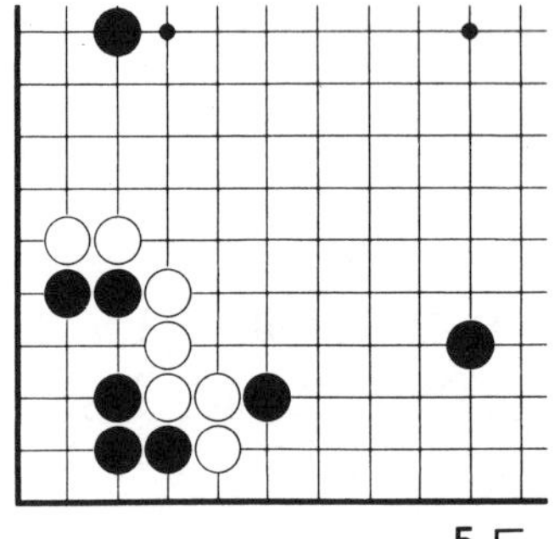

5 도

5 도 (흑 선)

이러한 형태가 되면 흑은 어떻게 둘 것인가. 한눈으로 알 수 있을 것이다.

당연히—

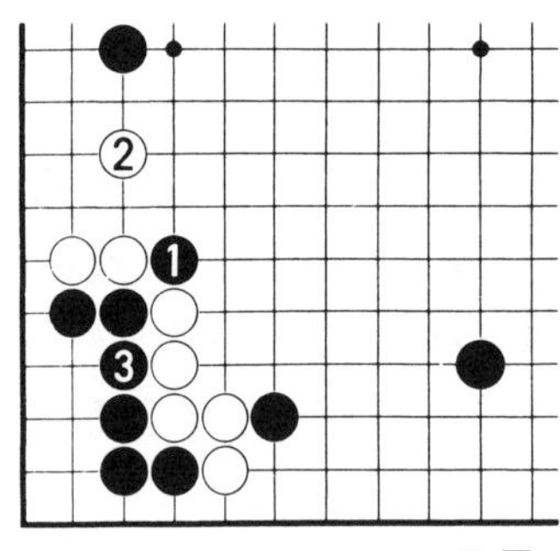

6 도

6 도 (정 해)

흑❶로 끊는 한수. 백②로 응수하면 흑❸ 꽉 이어서 살고 좌, 우로 분단한 백을 공격하는 것이 유리한 것이다.

7 도

7 도 (원형의 수순)

흑❶로 3·三에 침입, 이하 흑❼의 다음 백a, 흑b, 백c가 5도. 도중 백a로는 백d에 두던가, 백b, 흑a, 백d로 두어야 한다.

◀[문제도]▶

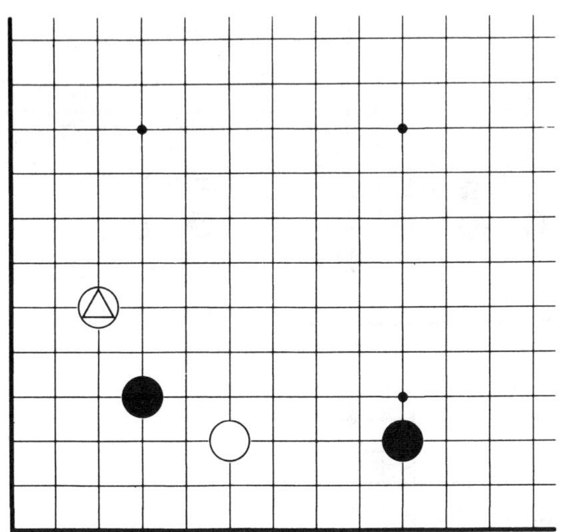

테스트38

흑 선

백이 △에 양걸침한 것.

흑은 이러한 경우에 어떻게 절충하는 것이 일반적이겠는가.

38. 협공해 온 쪽에 붙이지 마라

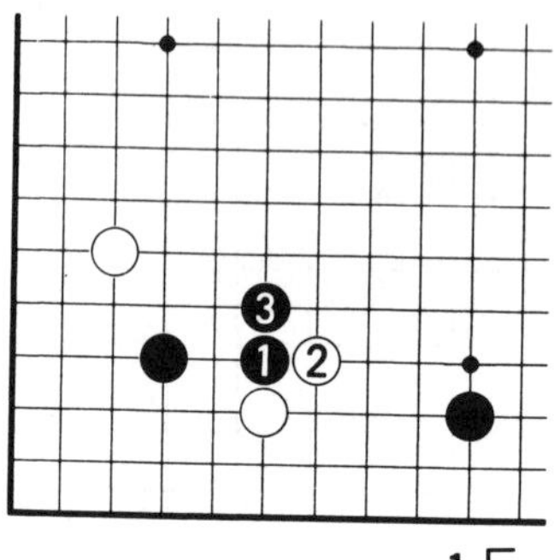
1 도

이 격언은 혹은 "강한 쪽에 붙이지 마라"라고도 한다. 그 뜻은 같은 것이다.

1 도 (실 패)

흑❶, ❸은 협공해 온 쪽에 붙인 것. 백을 튼튼케한 결과로서 좋지 않다. 여기에서는—

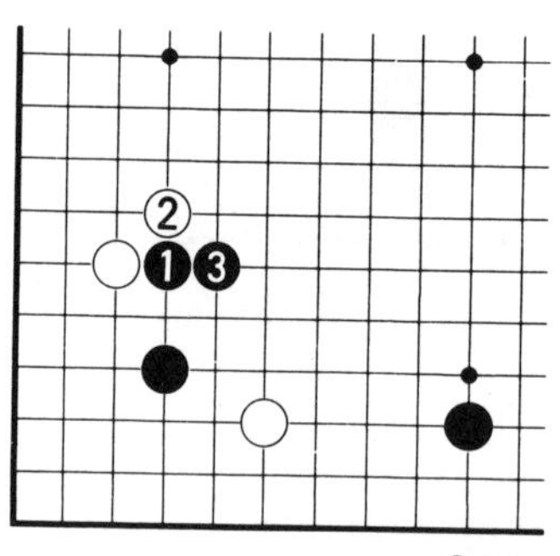
2 도

2 도 (정 해)

흑❶, 즉 협공이 아닌 쪽에 붙이는 것이 정수.

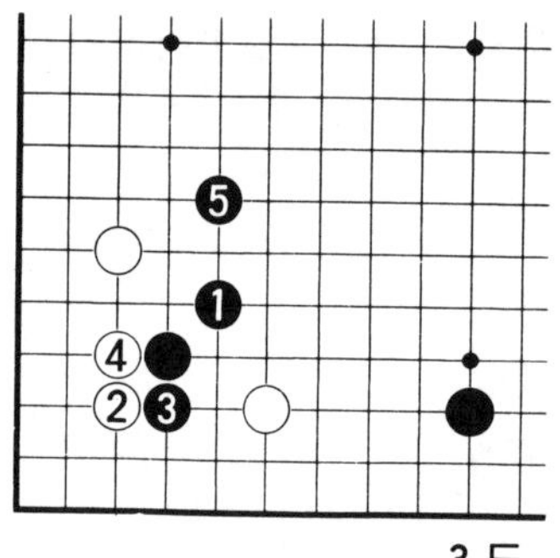
3 도

3 도 (정 석)

흑❶로 모행마, 백②에 흑❸, ❺도 정석이다.

【 문제도 】

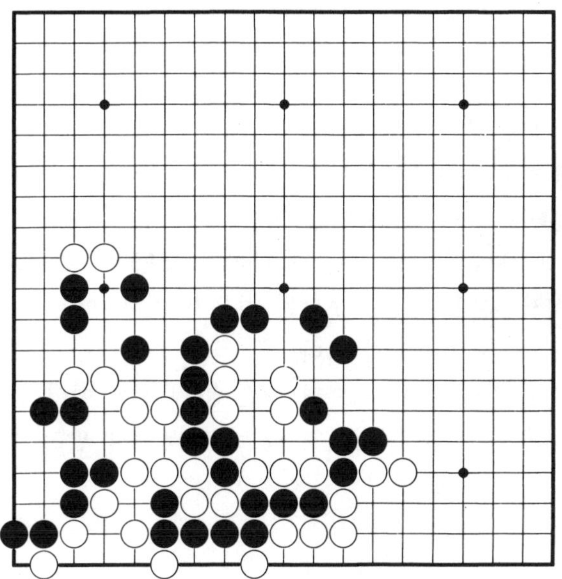

테스트39

흑 선

문제도가 커서 분간하기 어렵겠지만 아래의 흑 8점이 위기.

어떻게 대처하겠는가.

39. 먹여치기는 목조임

1도 (정 해)

흑❶에 끼우고 ❸에 먹여치는 것이 수조임의 맥점. 이하 흑⓫까지 선수로 백의 11점을 잡을 수 있다.

그런데 대개의 경우 조급한 나머지 흑❶로 ⑧자리에 단수를 쳐서 자기의 목을 조르는 경우가 많다. 백은 a에 잇게 되어 흑은 자멸하게 된다.

또 흑❸으로 ❺에 이으면 백은 ❸자리에 이어서 수상전에서 흑 수부족. 당황하지 말고, 과욕하지 말고 수상전의 수 읽기가 중요하다.

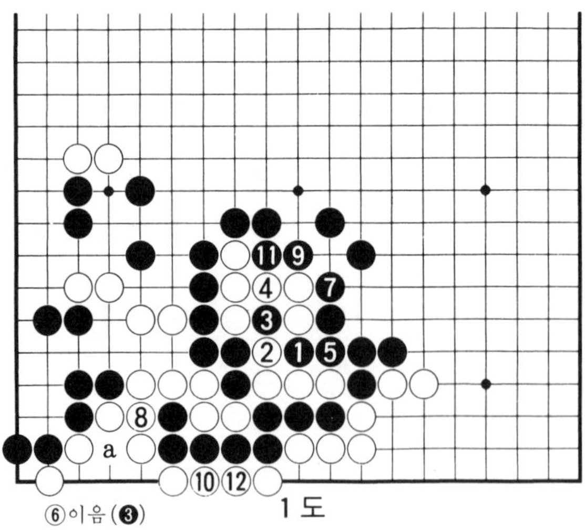

1도

〈응용 예Ⅰ〉

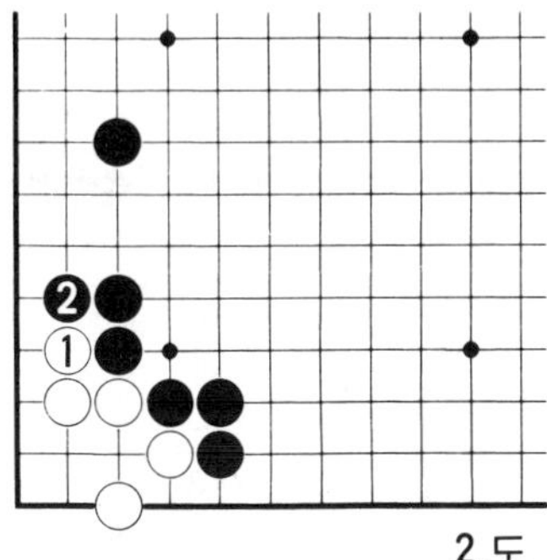

2도 (기 본)

백①이 선수라고 하여 두는 것은 자기의 수조임이다.

여기에서 백이 손을 빼면—

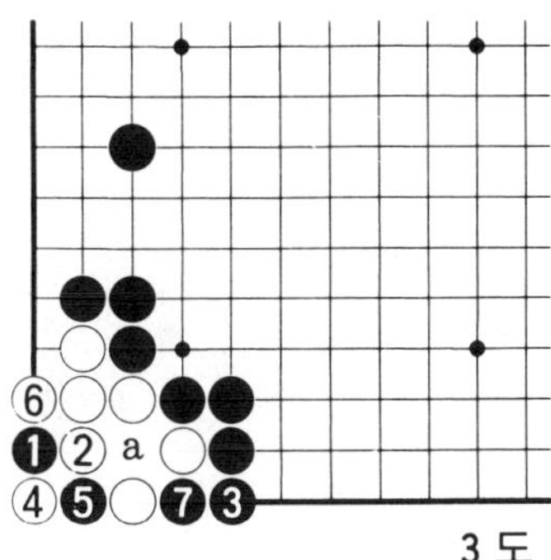

3도 (수단)

흑❶의 치중에서 ❸에 내려서는 것이 수단. 이하 흑❼일 때 백은 자충으로 a에 잇지 못하게 된다.

다음에 흑a로 패다.

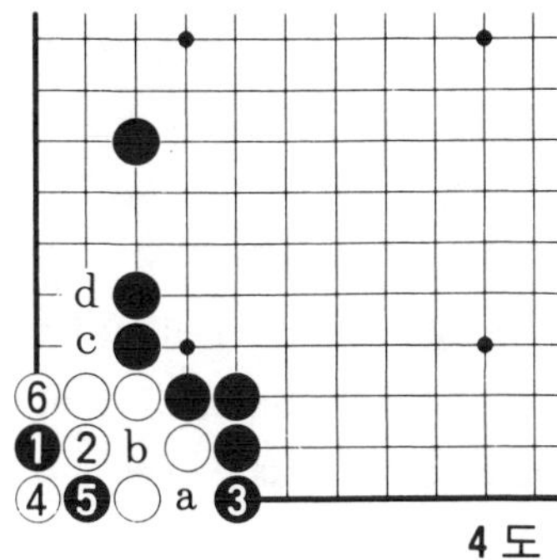

4도 (검 토)

2도에서 백①, 흑❷를 교환하지 않았다면 본도 백② 이하 ⑥까지로 산다. 흑a에 백b에 이을 수 있다. 백c, 흑d가 없으므로—

〈응용 예 Ⅱ〉

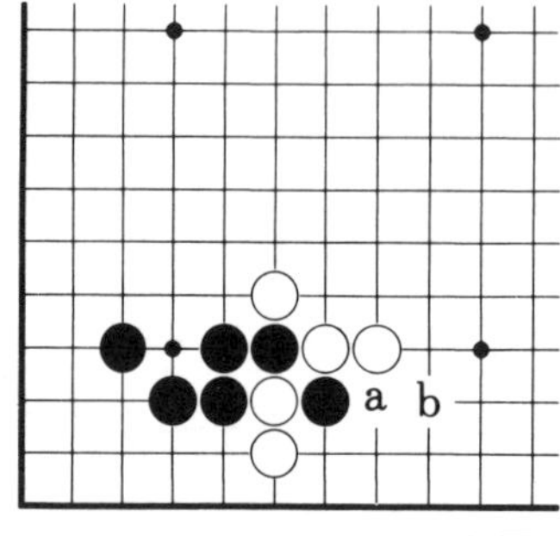

5 도

5 도 (흑 선)

아래의 흑이 어떻게 둘 것인가의 문제.

여러분 중에는 흑a로 둘 사람은 없을 것이다. 백b로 막아서 자충으로 잡히게 된다.

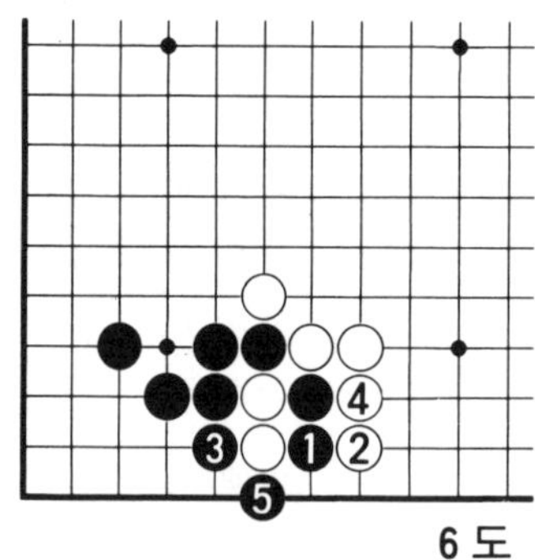

6 도

6 도 (실 패)

흑❶로 잡으려고 하는 것도 불만이다. 백이 ②, ④의 선수로 장벽을 쌓기 때문이다.

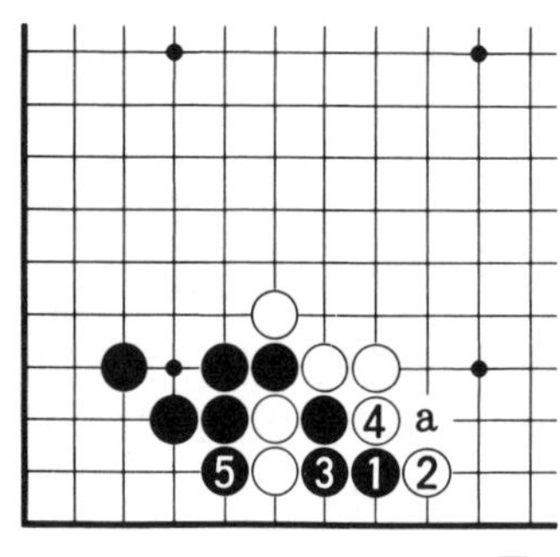

7 도

7 도 (정 해)

흑❶의 모행마가 정수이다. 만일 백②, ④로 오면 흑❺가 후수이지만 백이 a의 상처를 남기게 되기 때문이다.

◖[문제도]◗

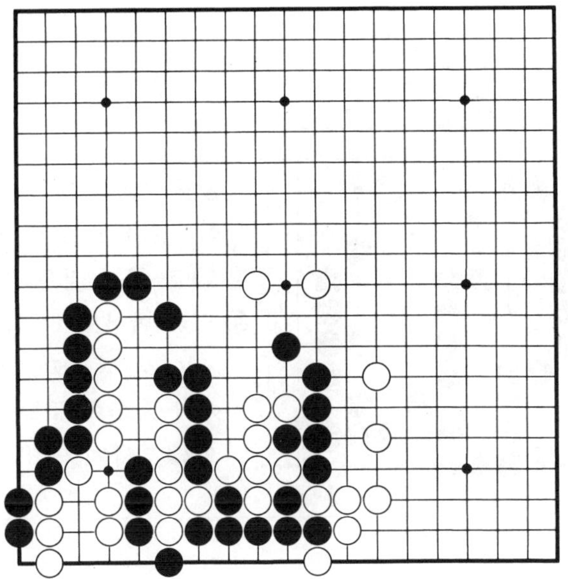

●응용 문제　　　흑 선

별로 어려운 문제가 아니다.

흑으로서는 어떻게 두는 것이 최선이겠는가.

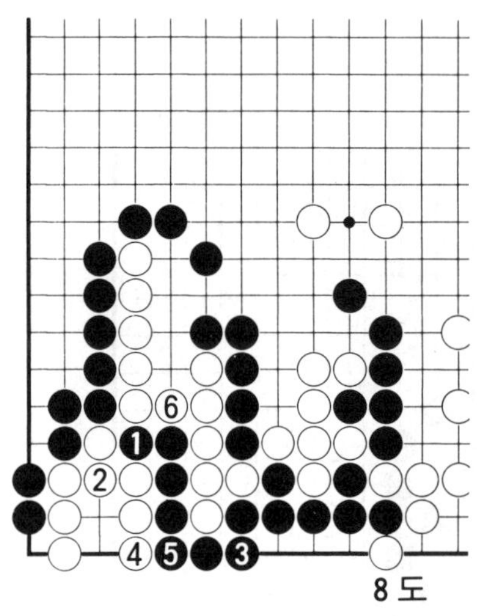

8 도 (실 패)

이것도 테스트 39와 같이 흑❶로 끊는 것은 과욕. 흑❸으로 이어도 자기 수조임이 되어서 백⑥까지로 수상전에서 흑이 수부족이다.

흑❶로서는—

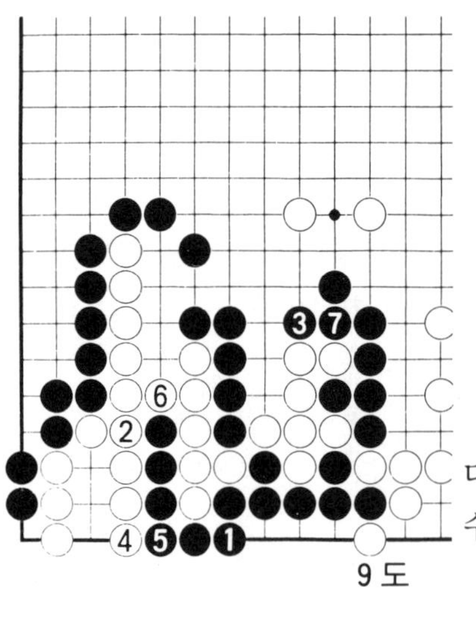

9 도 (정 해)

조용히 흑❶로 이어야 한다. 이로써 흑❼까지 흑 한 수 빠르다.

【문제도】

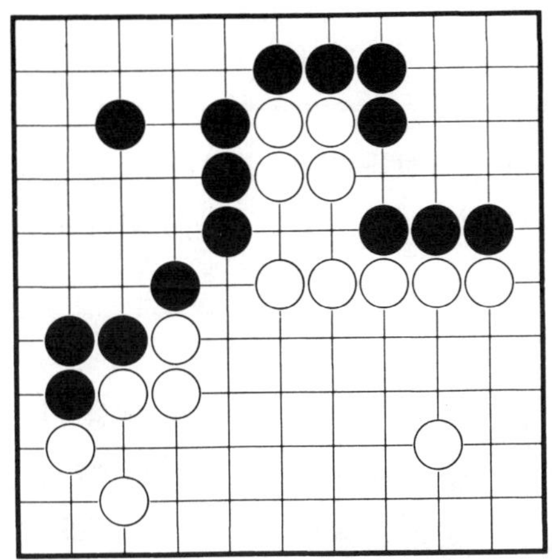

테스트40 흑 선

미세한 형세.

흑으로서는 1집이라도 손실을 허용해서는 지는 국면이다.

어디서부터 끝내기를 해야 하겠는가.

40. 서로가 두고 싶은 양 선수

1도 (실 패)

양선수라는 것은 흑, 백간에 어느 쪽이 두어도 선수가 되는 곳이다.

이 양선수를 선착하는 쪽이 승리하는 경우가 적지 않다.

흑❶, ❸의 젖혀 잇는 것도 양선수이지만 이것은 문제점.

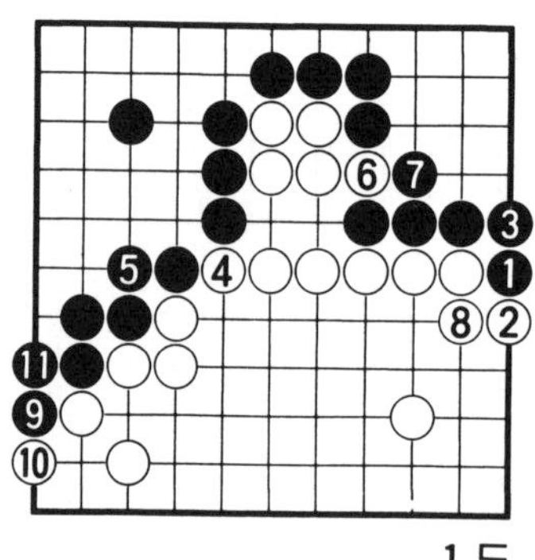

1도

즉 백④가 1집이지만 ❶, ❸보다 더 큰 양선수. 흑⓫까지로 흑38집, 백40집으로 백의 2집 승이다.

이것을—

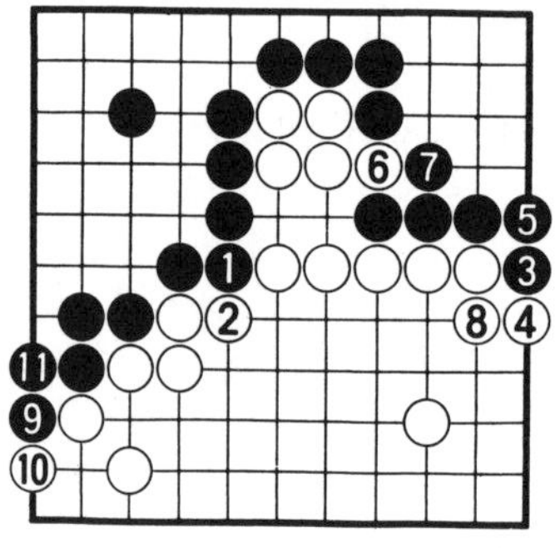

2도

2도 (정 해)

흑❶부터 끝내기 하면 이하 흑⓫까지로 흑39집, 백39집으로 비기는 바둑.

"서로가 두고 싶은 양선수"는 이와 같이 승부를 좌우한다.

〈응용 예 I〉

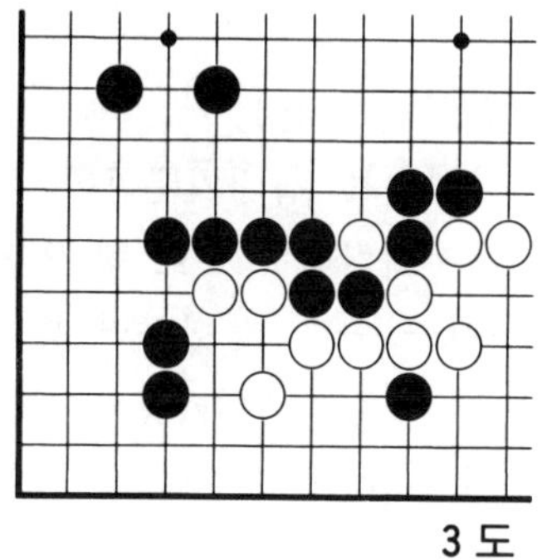
3 도

3 도 (기 본)

집내기 즉, 젖히는 것은 흑, 백간에 승부의 갈림길이 되는 것이다.

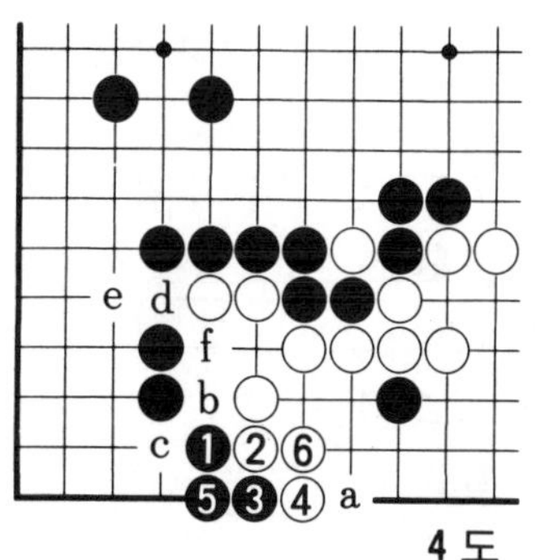

4 도

4 도 (흑 선이면)

흑❶의 마늘모가 큰 집내기다. 백②를 생략하면 흑a의 목자 미끄럼이 크다. 백⑥까지의 다음 백b, 흑c, 백d, 흑e로 되는 곳이다. 또 f는 흑의 권리가 되는 곳이다.

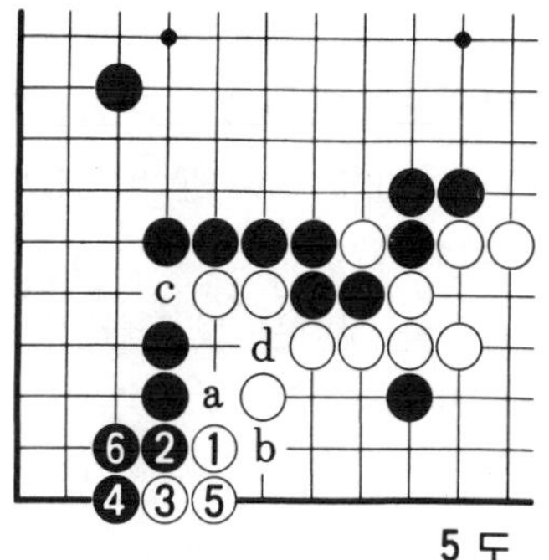

5 도

5 도 (백 선이면)

반대로 백이 ①이면 흑❻까지 백의 선수 집내기, 계속 흑a, 백b, 흑c, 백d로 일단락. 4 도, 5 도의 차는 5집에 선수가 크다.

〈응용 예 Ⅱ〉

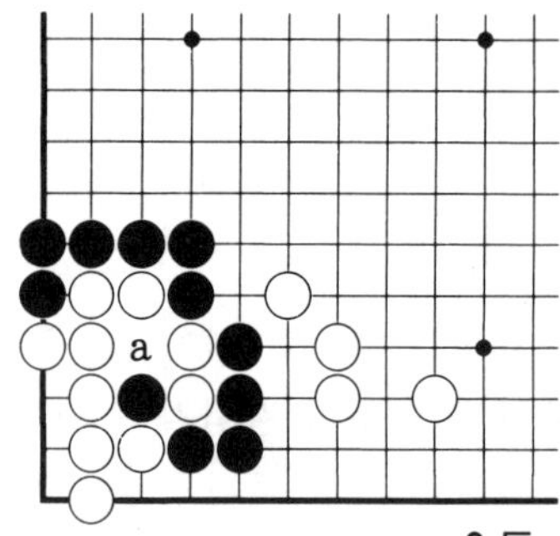

6 도

6 도 (기 본)

양선수는 집내기뿐만이 아니다. 예컨대 흑a로 백 2점을 따는 수가 생겼다면 흑a로 백 2점을 따는 것과 백a로 1점을 따는 차는 크다.

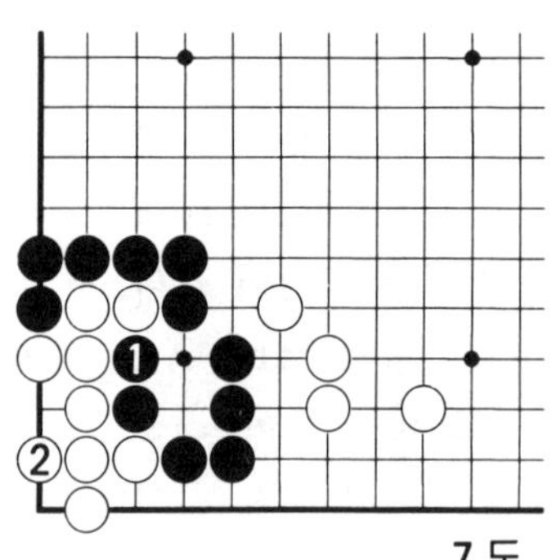

7 도

7 도 (큰 선수 7집)

흑❶로 백 2점을 따야한다. 백으로서는 ②로 살아야 하므로 백은 후수로 7집의 손실을 보게 되는 것이다.

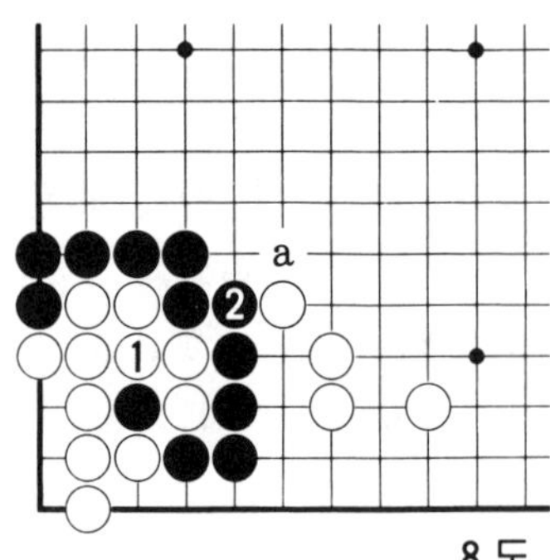

8 도

8 도 (백 선)

반대로 백①로 흑 1점을 따면 이번에는 흑❷의 후수로 이어야 한다.

흑a의 젖히는 맛은 있어도 앞서거니 뒷서거니 선수 7집의 차.

【 문제도 】

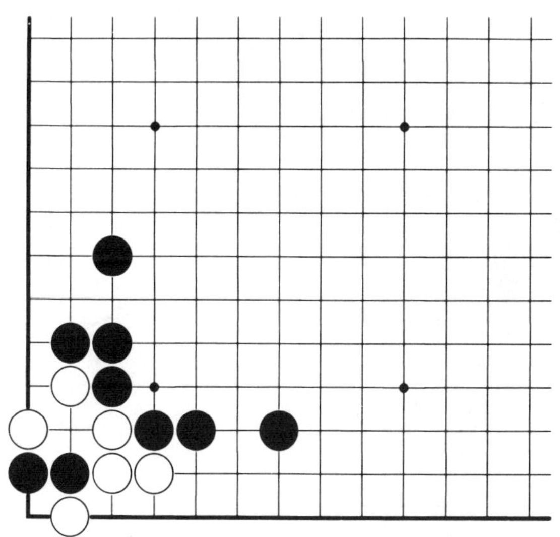

테스트41

흑 선

귀의 백에 대하여 흑은 몇 개의 팻감이 있겠는가.

단 손해패는 안 된다.

41. 손해패 두면 바둑 진다

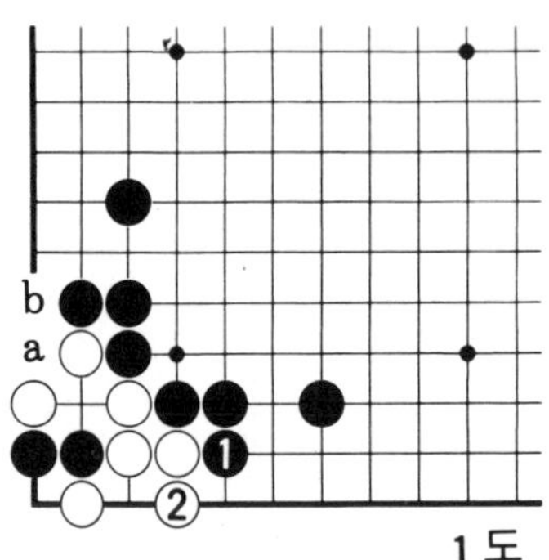

1 도

1 도 (정 해)

흑❶의 패감 밖에 없다. 흑 a에 두는 패는 백b로 따서 손해패가 된다.

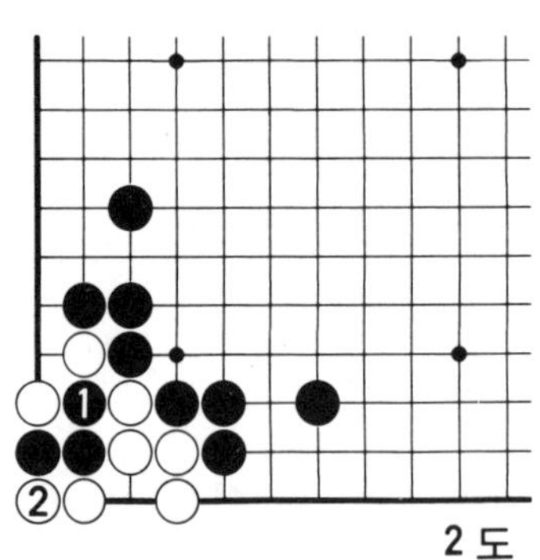

2 도

2 도 (실 패)

흑❶로 두는 패는 큰 손해패다. 이런 패는 장차 집내기에서.

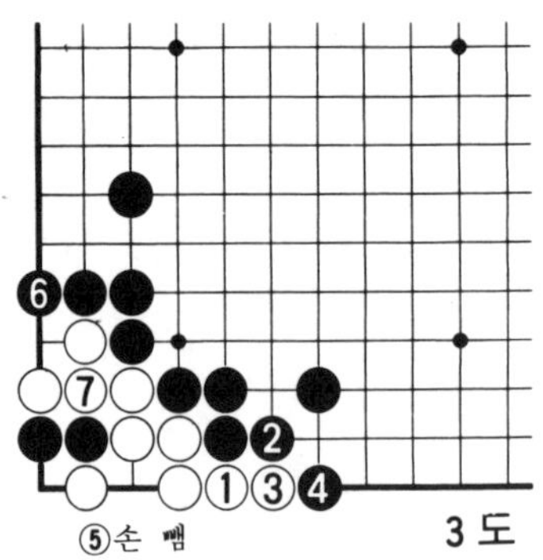

3 도

3 도 (백 5집)

백①, ③이 백의 권리이기는 하지만, 흑❻의 내려섬이 이번에는 흑의 선수가 되는 것이다.

2도와 비교해 보자.

【문제도】

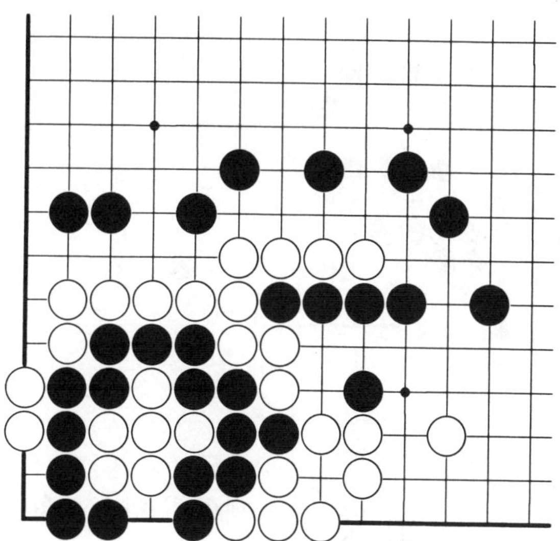

테스트42

백 선

백으로서는 귀의 흑 6 궁도를 잡고 싶은 곳이지만 서투르게 하면 수상전이 된다.

정확한 수 읽기의 문제이다.

42. 궁도의 수 읽기(3궁-3수, 4궁-5수, 5궁-8수, 6궁-12수)

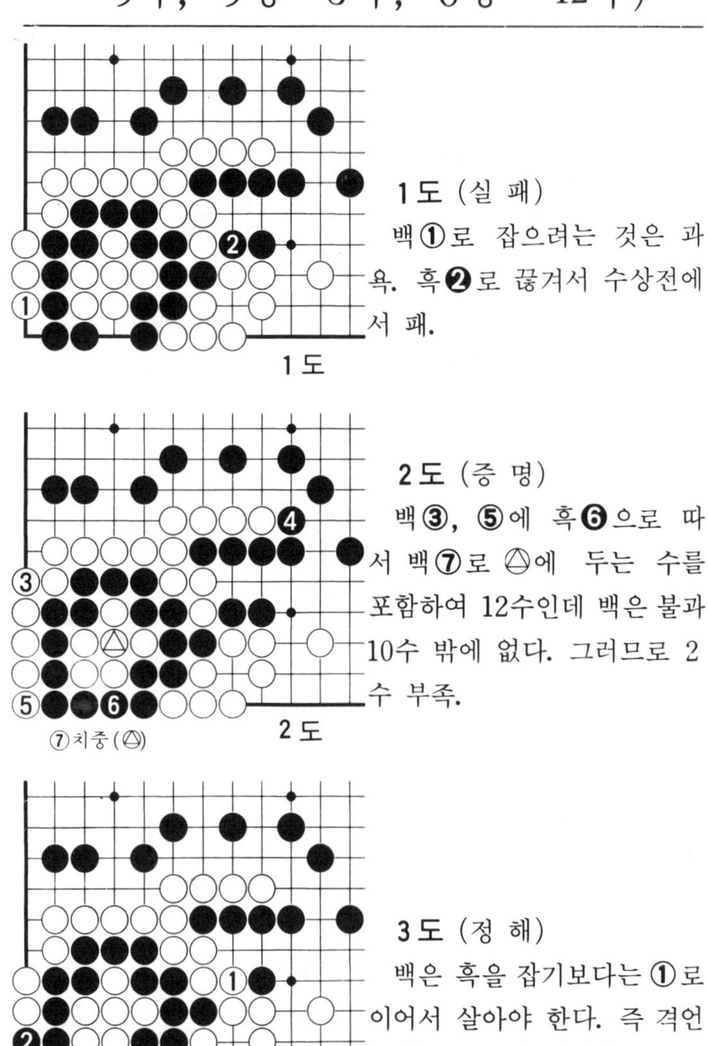

1도 (실 패)

백①로 잡으려는 것은 과욕. 흑❷로 끊겨서 수상전에서 패.

2도 (증 명)

백③, ⑤에 흑❻으로 따서 백⑦로 ◬에 두는 수를 포함하여 12수인데 백은 불과 10수 밖에 없다. 그러므로 2수 부족.

3도 (정 해)

백은 흑을 잡기보다는 ①로 이어서 살아야 한다. 즉 격언에 "아생 후에 타살"이다.

〈참고 예〉

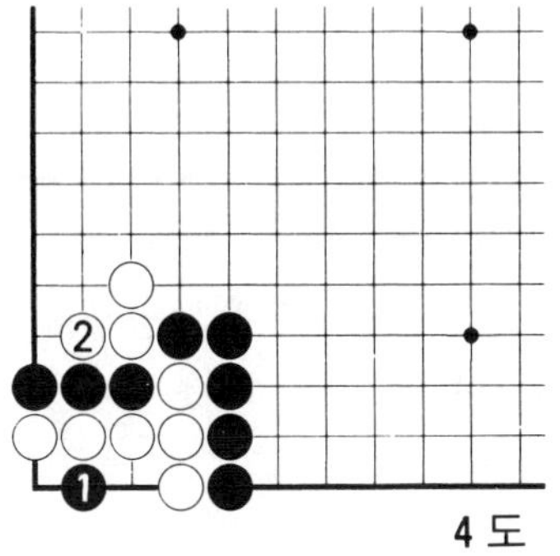
4 도

4 도 (3 궁도 3 수)

백의 3 궁도는 흑❶의 치중으로 죽는 것이지만, 흑3점이 백②로 1수 부족에 먼저 죽는다.

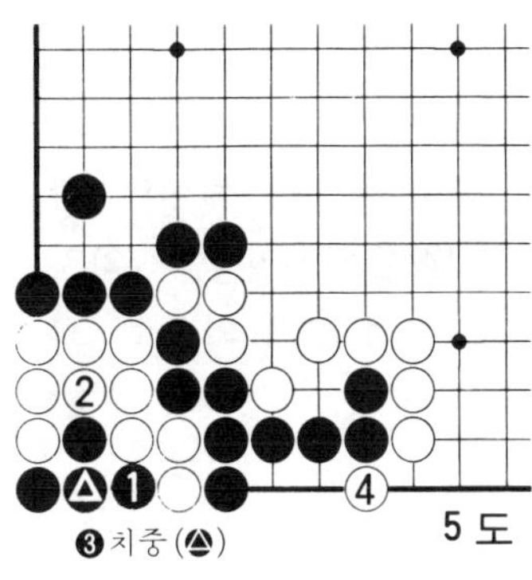
❸ 치중(▲)

5 도

5 도 (4 궁도 5 수)

4 궁도는 5수에 잡을 수 있지만, 흑❶로 백을 잡자면 ▲를 비롯하여 선수로 5수. 백은 ④를 비롯하여 3수. 백 1수 승이다.

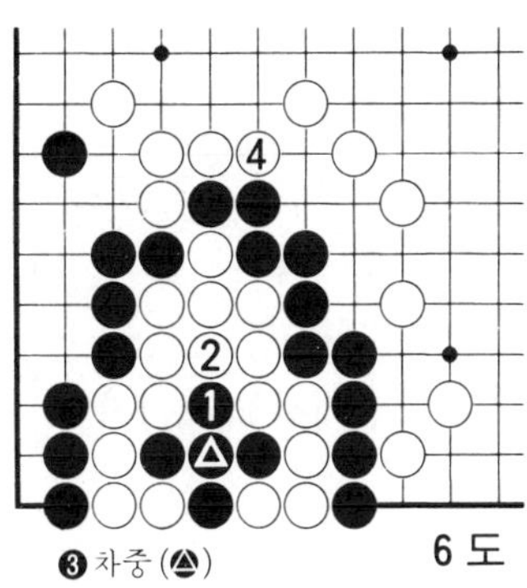
❸ 차중(▲)

6 도

6 도 (5 궁도 **8** 수)

흑❶로 5점을 잡히고 **8**수. 백은 ④이하로 밖의 공배를 메꾸면 5수로 유유히 승리.

얼른 보기와는 달리 수 계산이 이처럼 중요.

〈응용 예〉

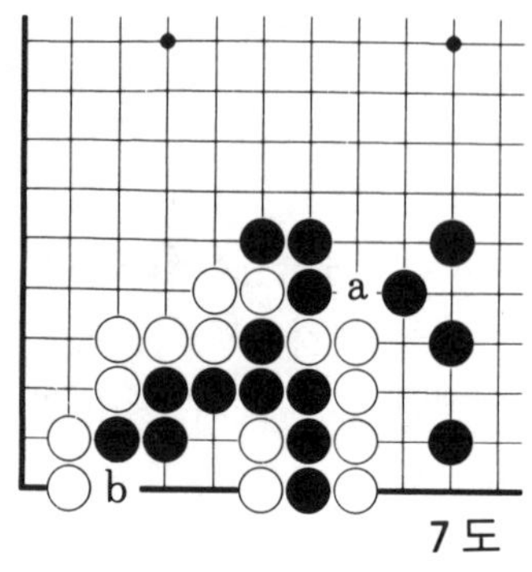

7 도

7 도 (흑 선)

보통 흑a로 밖에서 공배를 메꿔서는 백b로 수 조림해서 흑의 수 부족. 그러므로—

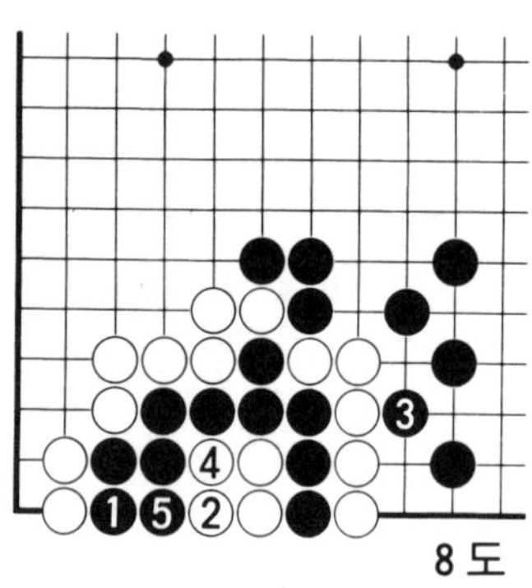
8 도

8 도 (정 해)

흑❶로 궁도를 넓혀야 한다. 백②를 생략하면 흑②자리에 두어서 살게 되므로 백②는 어쩔 수 없는 점. 흑❸으로 밖에서 조여 간다.

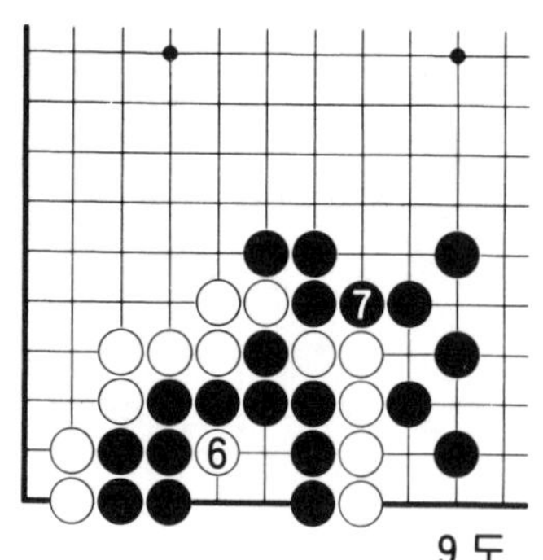
9 도

9 도 (계 속)

전도에 이어서 백⑥으로 두어도 4수. 흑은 ❼로 메꿔서 3수.

이 수상전에서는 흑 1수 부족이다.

【문제도】

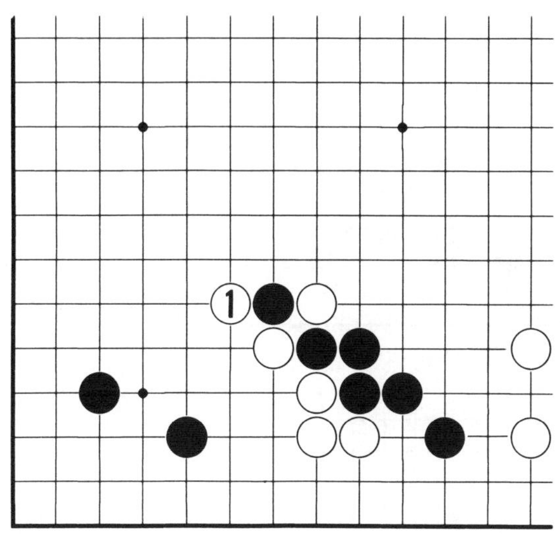

테스트43

흑 선

백이 ①로 단수를 쳐 왔다. 흑은 도망칠 것인가, 아니면 아래를 끊을 것인가.

43. 빵때림 30집, 거북의 등 60집

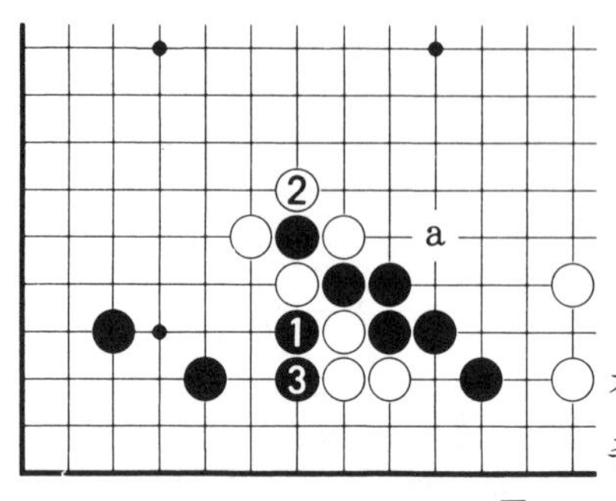

1도

1도 (실 패)

흑❶, ❸으로 백 3점은 잡지만, 백 a로 봉쇄당하면 중앙이 백의 세력이 커진다.

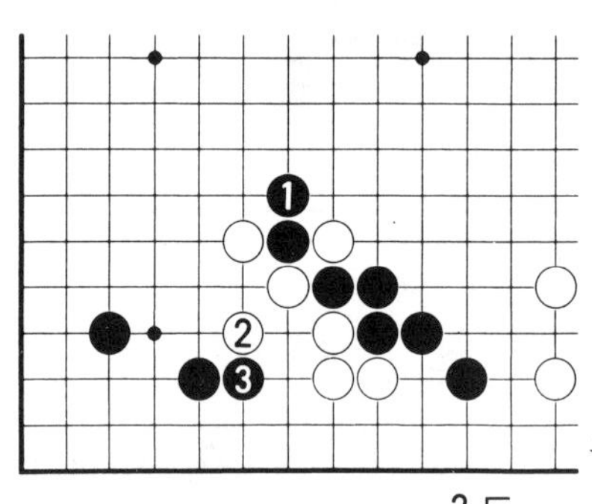

2도

2도 (정 해)

흑❶, ❸으로 백을 크게 공격한다. 백②로—

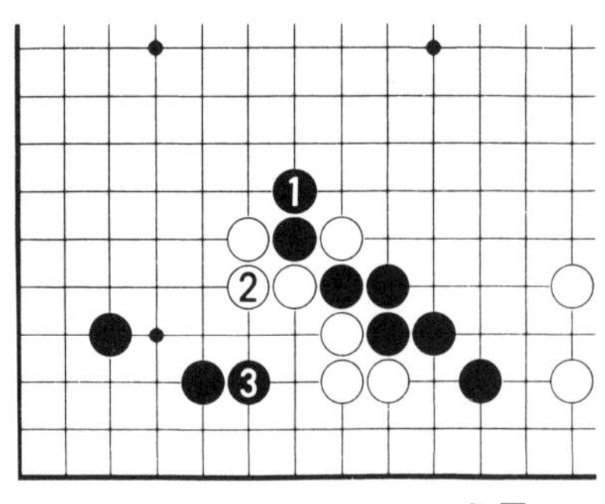

3도

3도 (변 화)

백②면 흑❸이 통렬하다.

〈참고 예〉

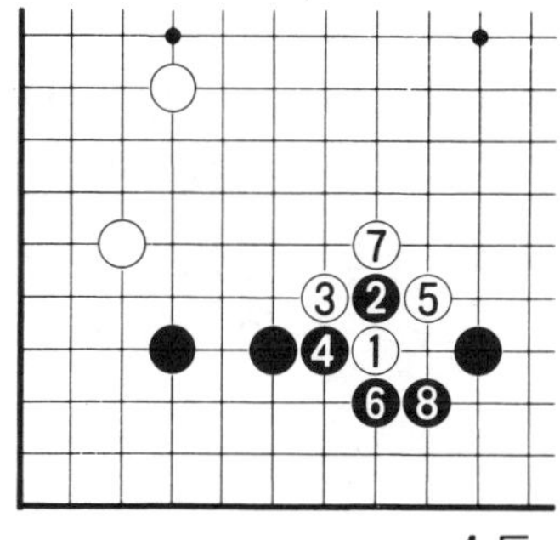

4 도

4 도 (악 수)

백①로 갈라쳐 왔을 때 흑은 어떻게든 연락하고자, ❷이하 ❽로 두는 사람들이 있다. 백이 ⑦까지 빵때린 돌은 30집에 상당한다.

백은 선수로 대단히 가볍게 세력을 펴게 되는 것이다.

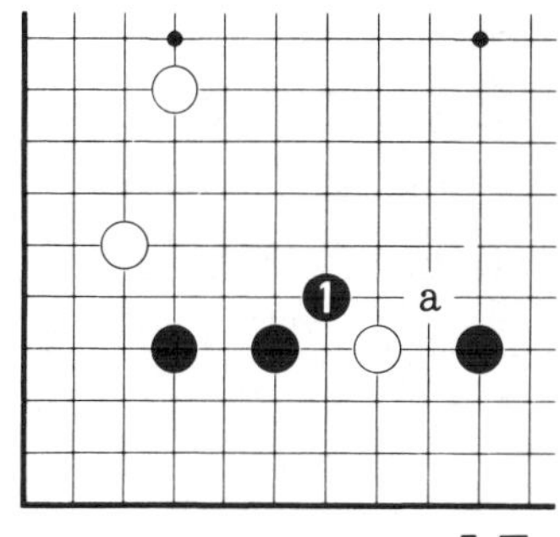

5 도

5 도 (정 수)

흑❶로, 또는 a로 모행마로 공격해야 한다.

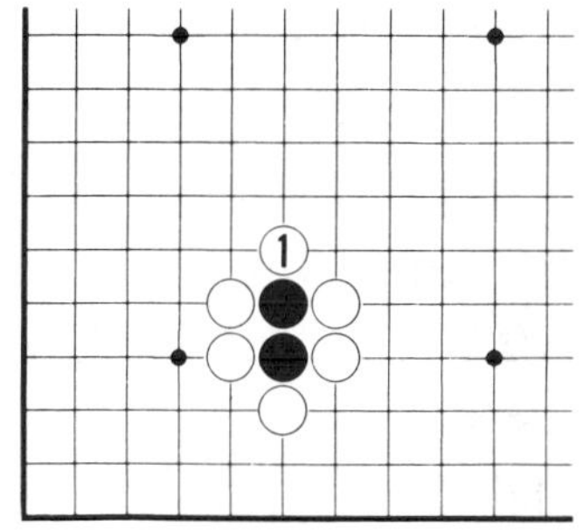

6 도

6 도 (기본)

"거북의 등 60집"

이것은 백①로 흑 2점을 빵때림한 형으로 거북의 등과 비슷하다. 이것이 60집에 해당 된다.

〈참고 예〉

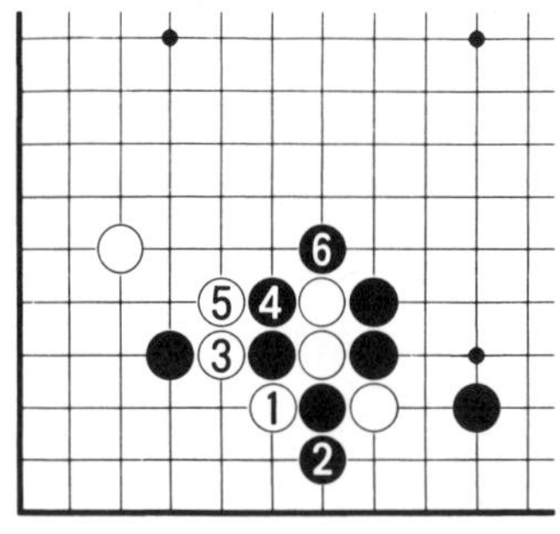

7 도

7 도 (실 패)

백①로 끊고 ③, ⑤로 나가는 것은 속수. 이로 인하여 흑이 ❻으로 2점을 빵때려서 "거북의 등"이 되어버렸다.

계속하여—

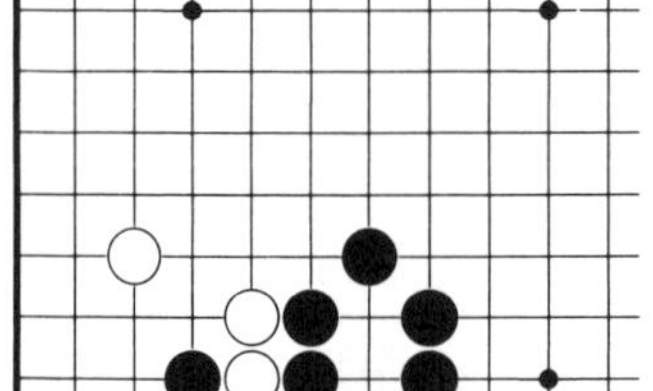

8 도

8 도 (일단락)

백⑦로 수습할 정도이지만 귀에는 아직도 흑a로 젖히는 뒷맛을 남겨서 백은 좋지 않다. 또 흑은 거북의 등에 ▲의 조리가 달려서는 흑 만만세.

7 도로서는

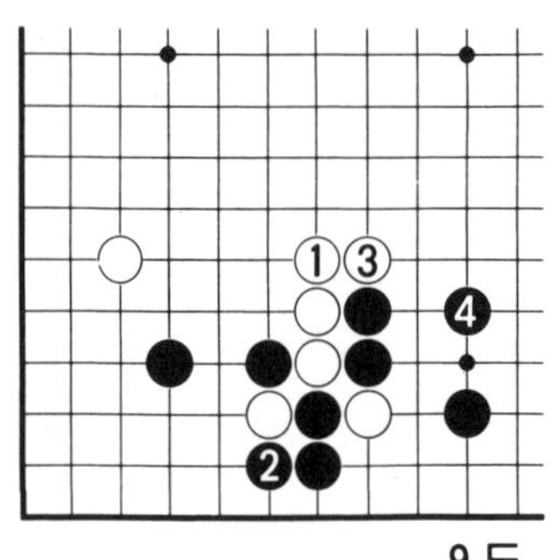

9 도

9 도 (상용 수법)

백①로 뻗는 것이 정수이다. 흑❷로 몰고, 이하 흑❹까지가 상용 수순이다.

◖[문제도]◗

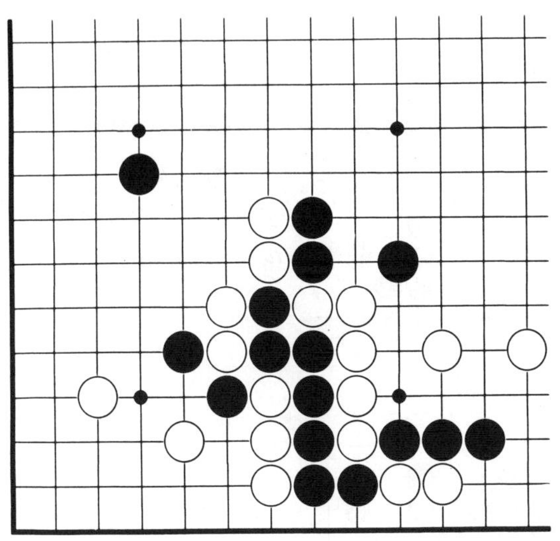

●응용 문제　　　흑 선

흑의 대마도 위기 일발이지만, 이것을 포위한 백도 헛점 투성이다.

어떻게 타개하는 것이 최선이겠는가.

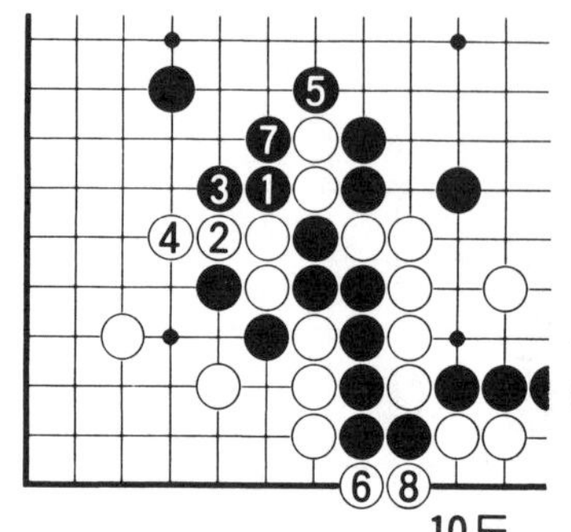

10도 (실 패)

흑❶, ❸에서 ❺의 축으로 2점을 잡는 것은 백⑥, ⑧의 선수로 건너게 됨으로 이것은 속수인 것이다.

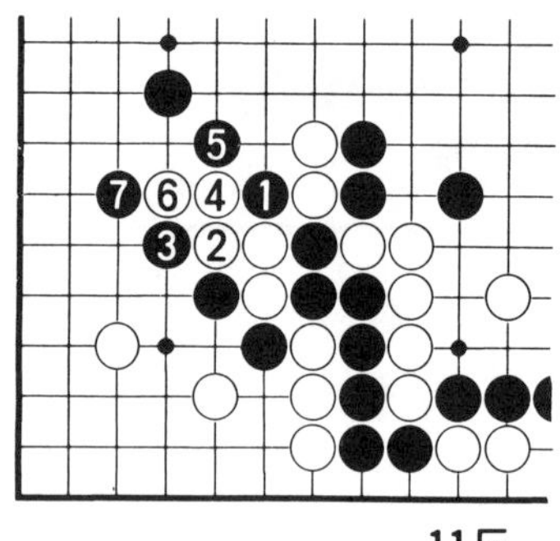

11도 (정 수)

흑❸에서 ❼까지로 몰고 가는 것이 정수.

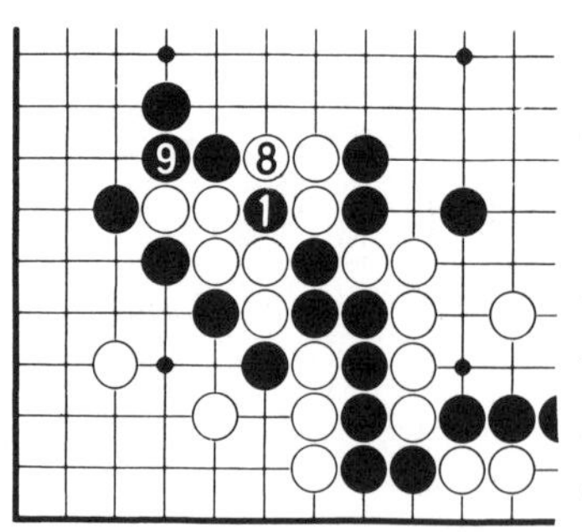

12도 (축)

백⑧로 흑❶을 잡아도 흑❾로 연단수가 된다.

그러므로 백은 11도의 ②로 도망치지는 못하는 것이다. 흑이 ②자리에서 2점을 따는 것이 거북의 등 60집에 해당할 만큼 크다는 것이다.

〔문제도〕

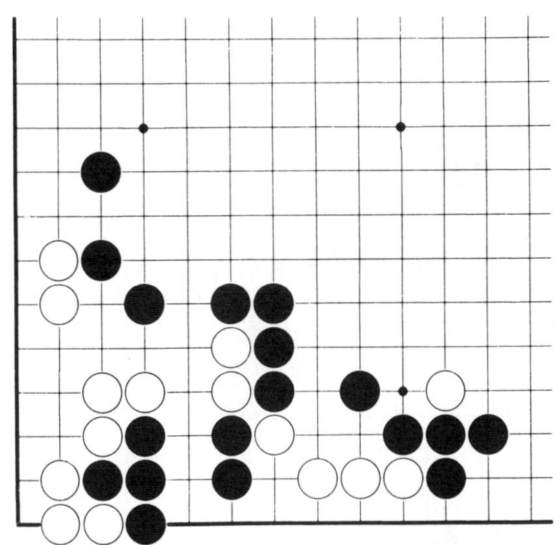

테스트44

흑 선

아래의 흑 6점과 백4점의 수상전이다.

흑으로서는 어떻게 공략할 것인가.

44. 유무가 불상전

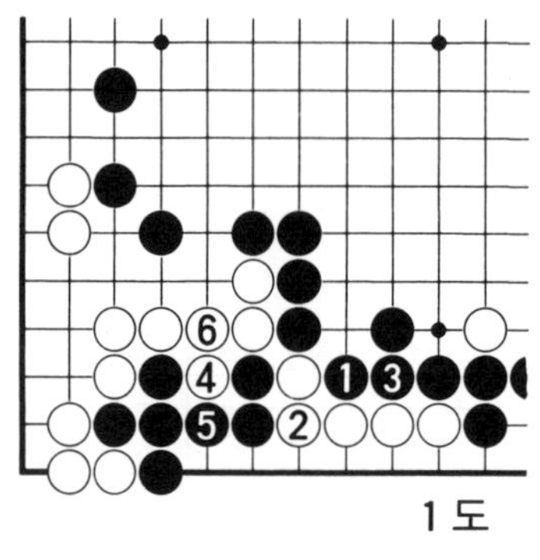

1 도

1 도 (실 패)

수상전은 "밖의 공백부터 메꿔라"고 하였지만 흑❶,❸으로는 유무가 불상전.

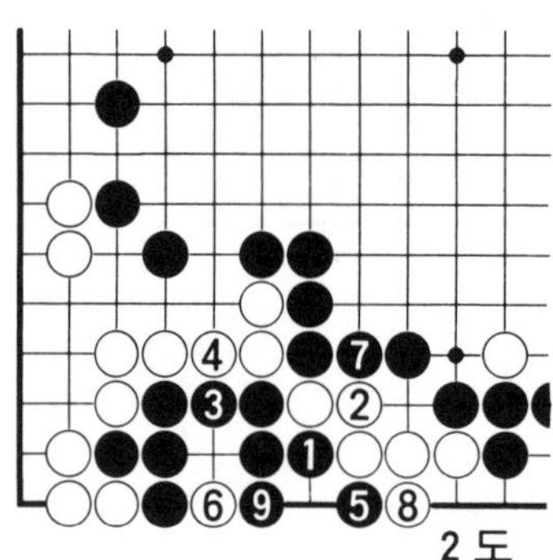

2 도

2 도 (실 패)

흑❾로 단패가 된다.

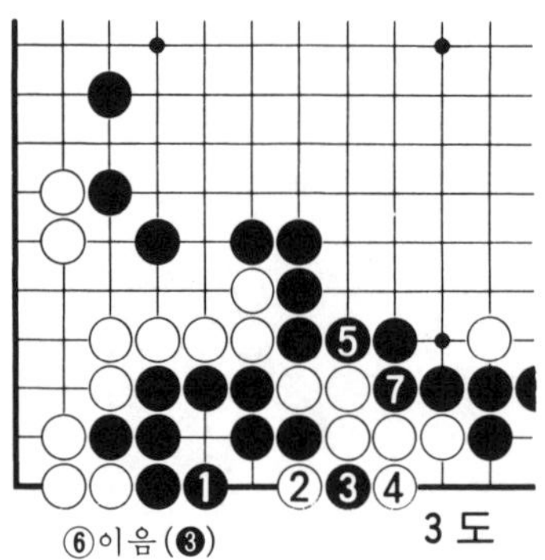

⑥이음(❸) 3 도

3 도 (정 해)

흑❸으로 먹여치는 것이 묘수.

〈응용 예 I〉

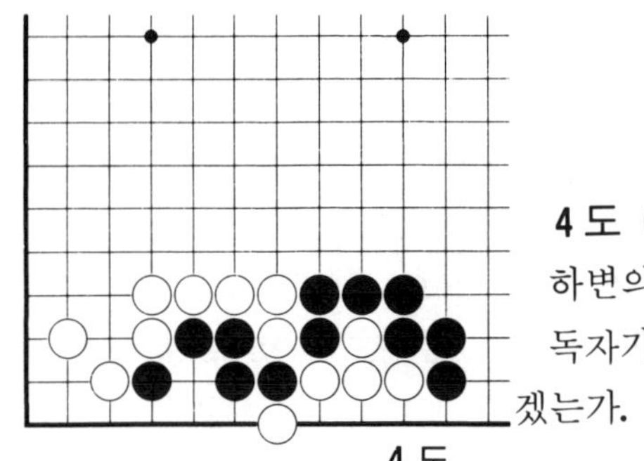

4 도

4 도 (흑 선)

하변의 수상전이다.

독자가 흑이라면 어떻게 두겠는가.

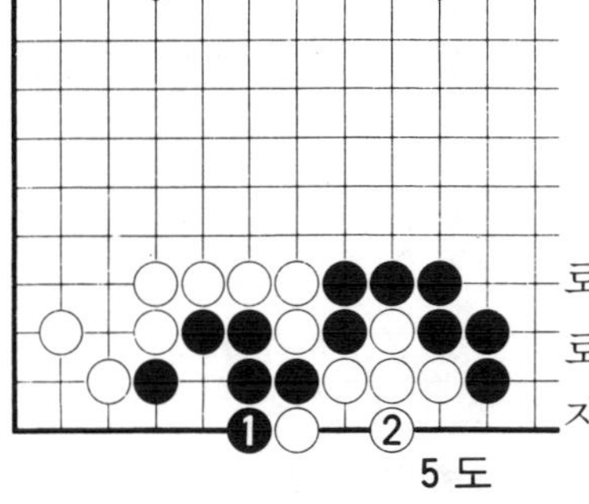

5 도

5 도 (실 패)

흑❶로 막아서는 백②패로 버티는 수가 생긴다. 흑으로서는 선수의 단패이기는 하지만 패는 패다.

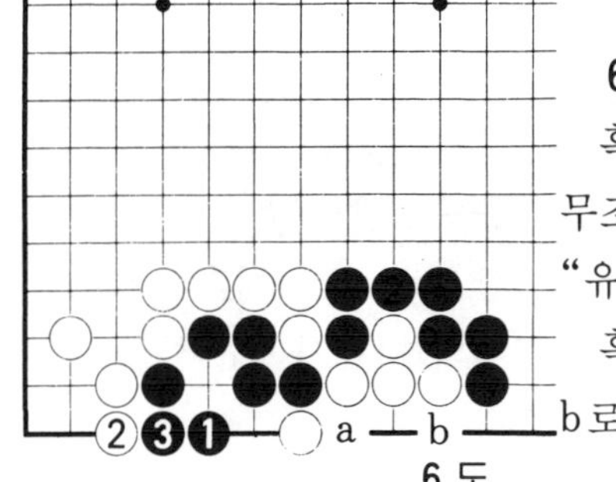

6 도

6 도 (정 해)

흑❶로 눈을 만드는 것이 무조건 이기는 비결이다. 즉 "유무가 불상전"이다.

흑❸의 다음 백이 a면 흑 b로 유무가.

〈응용 예 Ⅱ〉

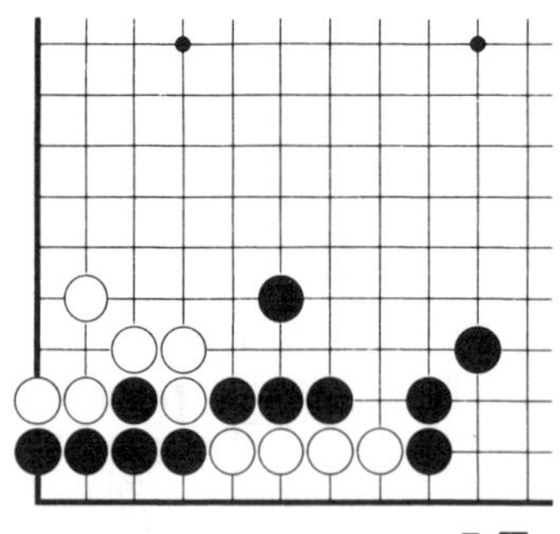
7 도

7 도 (흑 선)

이것도 책에 많이 나오는 예.

흑의 공배는 4, 백의 공배는 5이므로 보통으로는 이기지 못한다.

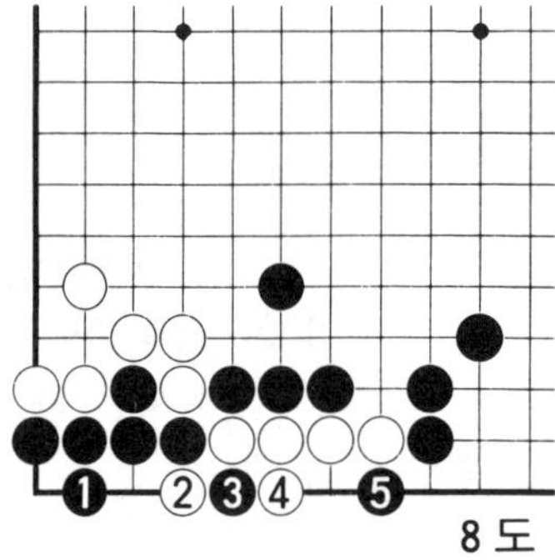
8 도

8 도 (정 해)

흑❶로 눈을 만드는 것이 묘수.

백②는 흑이 살게 되므로 어쩔수 없는 점.

백②를 유인하고 흑❸으로 먹여쳐서 눈을 빼았는다.

이로써 "유무가 불상전"으로 무조건 승이다.

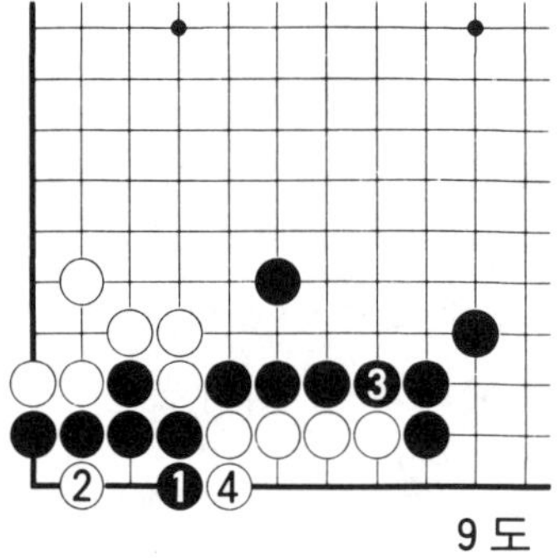
9 도

9 도 (실 패)

같은 눈을 가져도 흑❶은 공배의 여유가 없어서 흑이 진다.

【 문제도 】

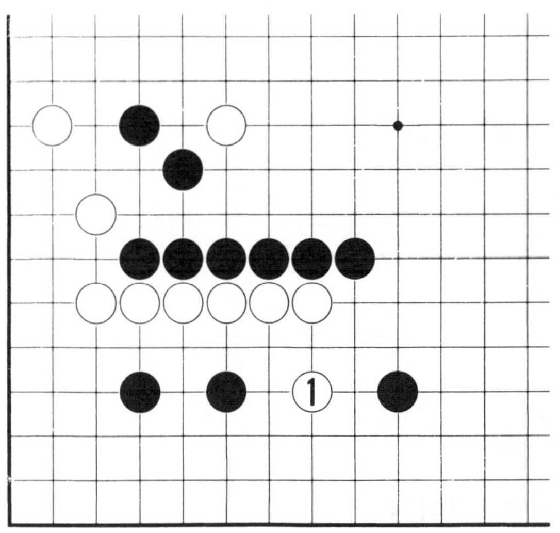

테스트45

흑 선

백이 ①로 갈라쳐 왔다.

흑은 이런 경우 어떻게 둘 것인가.

45. 돌을 분열시키지 마라

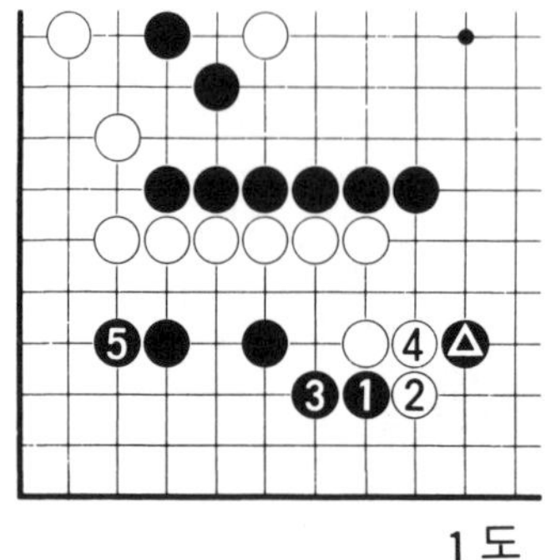
1 도

1 도 (실 패)

흔히 흑❶, ❸으로 붙여 끄는 사람들이 많은데 이것은 ▲과 ❶이 분열 되어 좋지 않다.

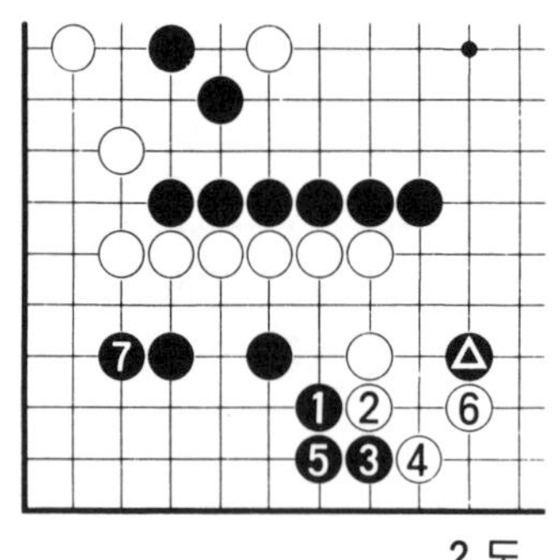
2 도

2 도 (실 패)

흑❶ 이하 ❺로 두는 것도 1 도와 비슷한 형으로 백이 ⑥으로 두어서 ▲가 분열 된다.

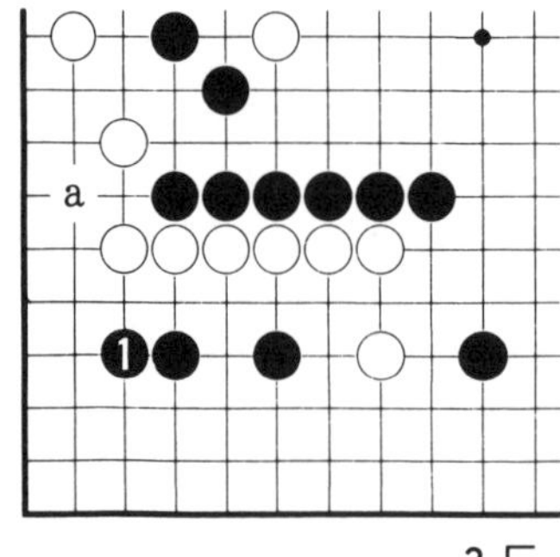
3 도

3 도 (정 해)

오른쪽 돌은 방치하여도 좋다. 흑❶로 귀를 지키면 장차 흑a의 노림수가 준엄하다.

〈참고 예〉

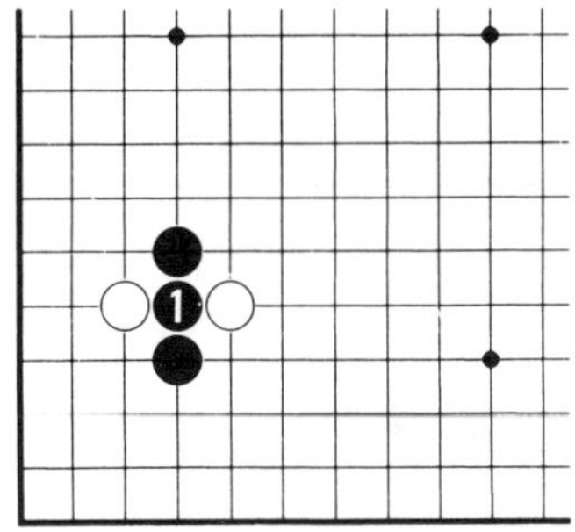

4 도

4 도 (기 본)

바둑 입문에서도 많이 나오는 형.

흑❶로 이으면 백이 분단되는 연결과 분열의 기본형이다.

이렇게 백이 지독하게 분열되어서는 바둑을 둘 수가 없는 것이다.

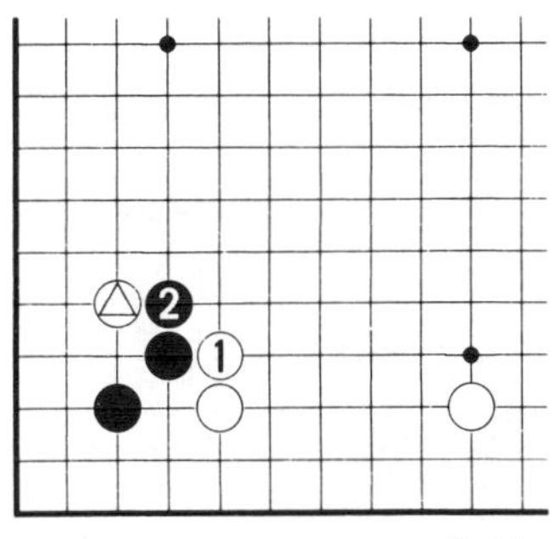

5 도

5 도 (실 예)

흔히 백①로 올려 미는 사람들이 많은 데 △의 1점이 없다면 훌륭한 점이지만 흑❷로 끊고 나와서 △가 분열되어서 백①은 바람직하지 않다.

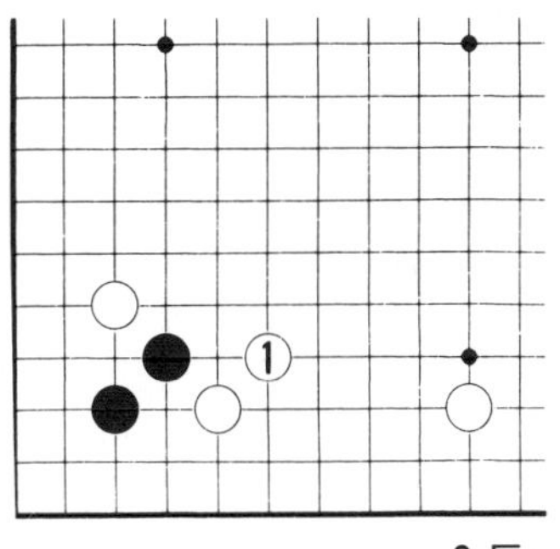

6 도

6 도 (정 수)

이런 경우에는 백①로 여유 있게 두어야 한다.

〈응용 예〉

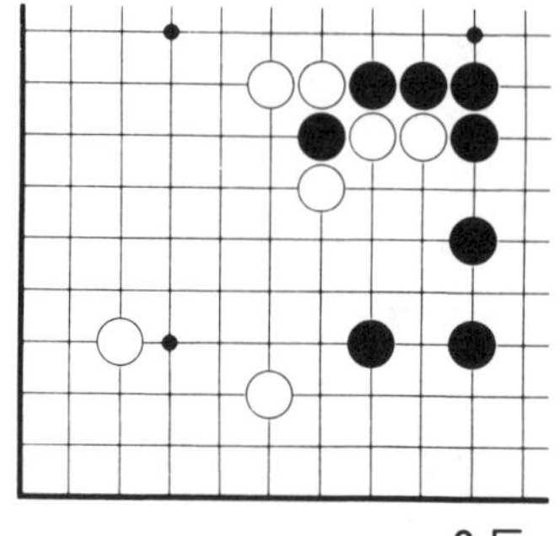

8 도

7 도 (흑 선)

상변의 흑 1점이 축으로 몰려 있다.

물론 흑이 지금은 도망칠 수 있다.

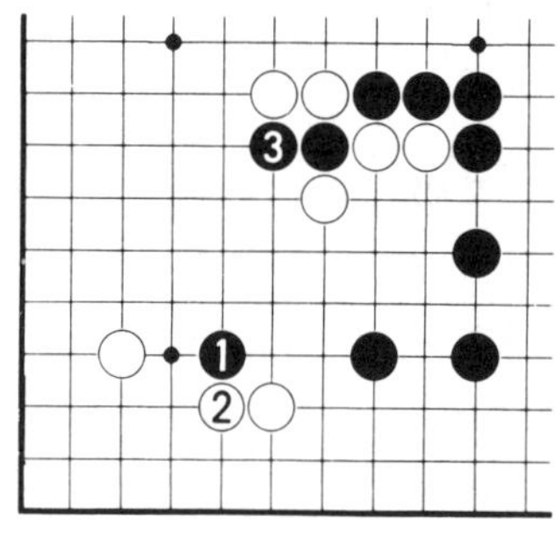

7 도

8 도 (축머리)

그러므로 흑은 ❶로 축머리를 둔다. 만일 백②로 응수하면 흑❸으로 도망칠 수 있다. 백은 다음 응수가 궁하게 된다. 그렇다고 하여—

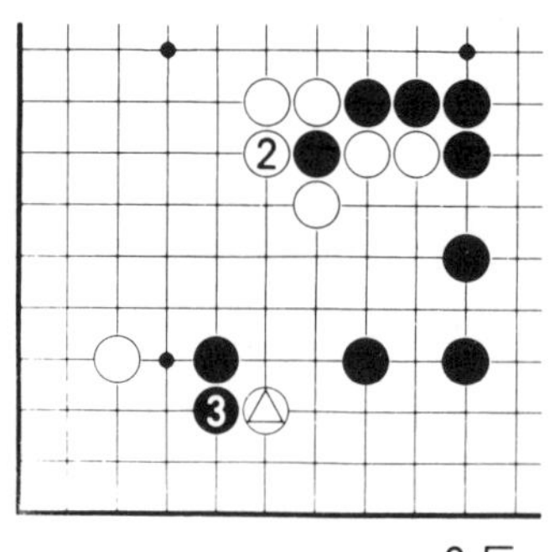

9 도

9 도 (분 열)

백②로 빵때림하면 흑❸으로 내려서서 백△가 좌우로 분열.

백으로서는 통렬한 타격이다.

【 문제도 】

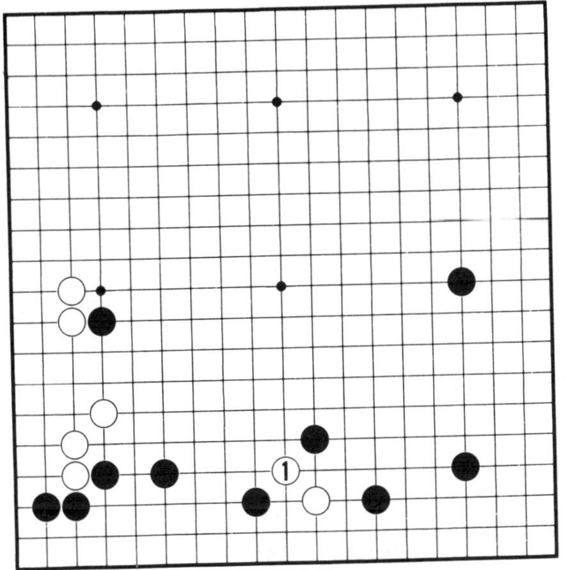

●응용 문제　　　흑　선

백①로 마늘모로 나왔다.
흑은 어떻게 공격하겠는가.

10도 (실 패)

흑❶로 올려 미는 것은 악수가 되는 경우가 적지 않다. 백에게 ②로 도망치게 하는 수.

계속되는 ❸도 같은 악수. 이것은 a의 상처를 남기게 되므로 더욱이 악수가 되는 것이다.

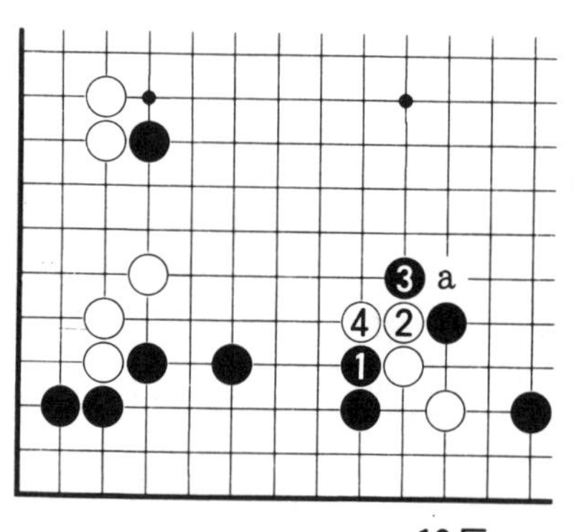

10도

요컨대 흑❶, ❸은 스스로 분열을 자초하는 점이다.

그러므로 흑은

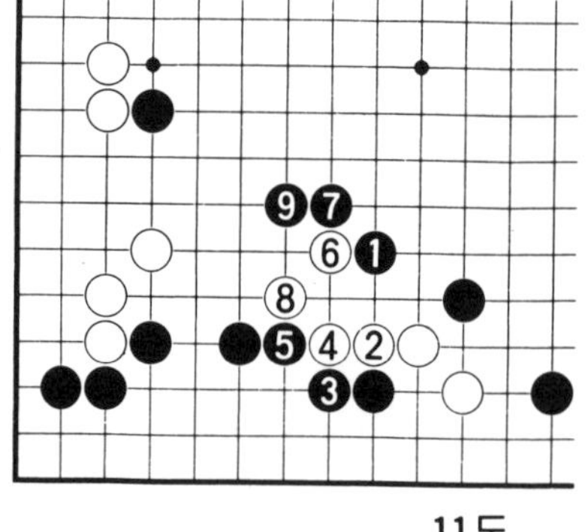
11도

11도 (정 해)

흑❶에 일자로 걸치는 것이 준엄한 수인 것이다. 백②이하 흑❾까지의 요령으로 포위하는 것이다.